DIRE, NE PAS DIRE

ACADÉMIE FRANÇAISE

DIRE, NE PAS DIRE

du bon usage de la langue française

Rédaction par la Commission du Dictionnaire
avec la participation du Service du Dictionnaire

Préface de Yves Pouliquen
Postface de Dominique Fernandez

 Philippe Rey

Toutes les entrées du présent ouvrage sont extraites du site *Dire, ne pas dire*
consultable à l'adresse suivante sur le site de l'Académie française :
www.academie-francaise.fr/dire-ne-pas-dire

Conception graphique : Plaisirs de myope

© 2014, Éditions Philippe Rey
7, rue Rougemont
75 009 Paris

www.philippe-rey.fr

PRÉFACE

Il est presque de tradition de prétendre que notre Académie ne s'occupe que de la rédaction de son dictionnaire et reste indifférente aux atteintes qu'inflige à notre belle langue sa pratique ordinaire. On s'étonne même de la lenteur apparente de ses travaux et du délai qui nous sépare du terme de la publication complète de ce dictionnaire dont chaque mot aura été redéfini avec un zèle inégalé. Sur un espace de vingt années, certes, mais qui est et sera l'exacte traduction de ce que chacun de ces mots exprime en ce temps précis que nous vivons. Comparable en cela à ce qu'ils exprimaient dans les dictionnaires des huit précédentes éditions et retraçant ainsi l'évolution historique et littéraire de notre langue. C'est limiter singulièrement l'attention que les académiciens portent à la conservation de la langue dans ce qu'elle a de plus remarquable : le sens du mot dans son expression la plus diverse, celui que l'origine lui a donné, celui que le temps en a fait et les formulations grammaticales de son emploi au travers d'exemples choisis avec grand soin. Une définition qui résulte en vérité d'un long labeur : celui des membres du Service du Dictionnaire, dont on ne loue pas assez la qualité qu'ils apportent à la définition de ces mots qu'ils soumettent dans un premier temps aux académiciens de la Commission du Dictionnaire, lesquels en feront deux lectures avec de surcroît le concours de l'ensemble de leurs confrères en séance plénière. Un travail fondamental en vérité, teinté d'un ésotérisme qui pourrait laisser croire que l'Académie reste indifférente à l'usage fautif de notre langue, si commun à nos contemporains, à sa contamination par des néologismes infondés tout autant que par des anglicismes eux-mêmes trafiqués. Un fait qui ne cessa pourtant de la préoccuper, consciente de l'intérêt qu'il y aurait à intervenir elle-même en ce domaine afin d'offrir à ceux qui le désirent ses avis. C'est pourquoi, il y a trois ans à peine, elle en retint l'idée et en discuta l'esprit aussi bien que la forme. Avec l'intention d'établir un contact avec tous ceux qui, s'intéressant à notre langue, souffrent qu'on la dénature, tout en donnant réponse à leurs questions.

C'est ainsi que naquit *Dire, ne pas dire*. Une initiative dont le succès fut immédiat ; elle mit en relation des dizaines de milliers d'internautes qui, appréciant les propositions critiques qu'on leur présentait, devinrent rapidement par leurs courriels de très précieux coopérants. Nous soumettant les emplois fautifs glanés dans leur environnement ou nous interrogeant sur les justes pratiques grammaticales d'une expression douteuse. Un riche et surprenant dialogue témoignant de l'intérêt que porte à notre langue une population très diverse en ses origines, ses fonctions, l'âge de ses sujets ; française certes en majorité, mais aussi de plus en plus souvent étrangère. Des milliers de courriels posant ainsi, mois après mois, à « Dire, ne pas dire » de nombreuses questions auxquelles le Service du Dictionnaire répond systématiquement et dont les plus originales alimentent sur la toile le courrier des lecteurs.

Un succès et un intérêt qui retint avec bonheur l'attention de l'éditeur Philippe Rey. Amoureux de notre langue, il nous soumit son désir de confier à la mémoire du papier – qui complète si bien celle des « nuages » – les meilleurs moments de ce dialogue qu'entretient l'Académie française avec ses correspondants. Qu'il en soit ici remercié au nom de tous ceux que l'on dit bien imprudemment immortels.

Yves Pouliquen

A

À : « LA VOITURE DE JULIE » OU « LA VOITURE À JULIE » ?

La préposition *à* marque normalement l'appartenance après un verbe (*cette maison est, appartient à notre ami*). On l'emploie avec la même valeur devant un pronom, seule (*un ami à nous*) ou pour reprendre un possessif (*c'est sa manière à lui*). Mais on ne peut plus l'employer entre deux noms, comme on le faisait dans l'ancienne langue, sauf dans des locutions figées (*une bête à Bon Dieu*), par archaïsme ou dans un usage très familier. On dira : la voiture *de* Julie, les fleurs *de* ma mère.

À BICYCLETTE, EN VOITURE

L'Académie française recommande de réserver la préposition *en* aux véhicules ou aux moyens de transport dans lesquels on peut s'installer, prendre place : *partir en voiture, en train, en bateau*. Dans les autres cas, c'est la préposition *à* qui sera employée : *se déplacer à bicyclette, à vélo, à moto ; une randonnée à cheval ; faire une descente à skis.*

À LA BASE POUR D'ABORD

À la base de est une locution prépositive signifiant « à l'origine de », conformément au sens du nom *base,* qui désigne ce sur quoi repose une chose ou ce qui sert de point de départ. Cette locution s'emploie dans des phrases comme : *À la base de toute réussite, il y a beaucoup de travail.* Il convient de rappeler cette définition car il est actuellement une fâcheuse tendance qui consiste à faire d'*à la base* une locution adverbiale qui signifierait « d'abord », « dans un premier temps », « au commencement ».

ON DIT

Dans un premier temps, je pensais avoir raison

Il a d'abord étudié le piano

ON NE DIT PAS

À la base, je pensais avoir raison

À la base, il a étudié le piano

À L'ATTENTION DE, À L'INTENTION DE

La formule par laquelle, dans le langage de l'administration, on indique le destinataire d'une lettre, d'une communication, d'un envoi, est *à l'attention de,* pour marquer que l'on attire l'*attention* du destinataire, que l'on soumet cette lettre, etc., *à son attention.*

La locution *à l'intention de* (quelqu'un) signifie « pour lui, dans le dessein que cela lui soit agréable, profitable, bénéfique » : *Il a acheté ce livre à leur intention*, pour le leur offrir. On compose un poème *à l'intention* d'un ami. On fait dire une messe *à l'intention* d'un défunt

À L'ENCONTRE DE

Il convient de rappeler le sens exact de cette locution, souvent mal employée. *À l'encontre de* signifie « à l'opposé de », « en opposition à ». *Cela va à l'encontre de vos intérêts ; une décision prise à l'encontre de la volonté générale.* On ne la confondra pas avec *à l'égard de*, *à l'endroit de* ou *envers*.

ON DIT	ON NE DIT PAS
Il a des torts envers vous	Il a des torts à votre encontre
Se montrer sévère à l'égard de, à l'endroit de, envers...	Se montrer sévère à l'encontre de...
Une menace, une accusation à l'endroit de, envers...	Une menace, une accusation à l'encontre de...
La violence à l'endroit des femmes, envers les femmes	La violence à l'encontre des femmes

À L'ENDROIT DE

La locution prépositionnelle *à l'endroit de* appartient à une langue soutenue. On dit fort bien *La loi est sévère à l'endroit des faux-monnayeurs* ou *Il a fait preuve, à votre endroit, d'une grande bienveillance*. On utilisera cette locution pour parler de personnes, mais non lorsqu'on évoque des inanimés. Dans ce cas la langue dispose d'autres prépositions ou locutions prépositionnelles comme *quant à, en ce qui concerne, s'agissant de*, etc.

ON DIT	ON NE DIT PAS
Quant à ce que vous disiez	À l'endroit de ce que vous disiez
En ce qui concerne ces propositions	À l'endroit de ces propositions
Pour un tel crime, le châtiment paraît justifié	À l'endroit d'un tel crime, le châtiment paraît justifié

À OU CHEZ (ÉTABLISSEMENTS COMMERCIAUX)

Chez – étymologiquement : « dans la maison » – ne se dit qu'en parlant de personnes et, par extension, d'êtres animés ou d'êtres personnifiés : *Il habite chez ses parents. Chez les rapaces, le bec est généralement corné.* Dans le cas d'établissements commerciaux, quatre cas sont possibles :

- la raison sociale se confond avec un nom de personne, et l'on utilise *chez*: *Aller chez Durand et fils*;
- la raison sociale est un nom de chose ou un groupe comprenant un tel nom, et l'on utilise *à*: *Aller au Bon Marché*;
- on traite comme nom de chose ce qui était autrefois un nom de personne et on utilise *à*: *Aller à la Samaritaine*;
- on traite comme nom de personne un nom de chose, un acronyme, etc. et on utilise *chez*: *Aller chez Fiat*.

Dans le cas où l'usage n'est pas fixé, *à* ou *chez* sont possibles: certains auront en tête le nom de personne Leclerc et diront *chez Leclerc*; d'autres, par une sorte d'ellipse, diront *à Leclerc* pour *au magasin Leclerc*.

On dit peut-être plus couramment *à Carrefour, à Auchan* que *chez Carrefour, chez Auchan*. On n'utilisera l'article défini que pour désigner un magasin particulier: *à l'Auchan de tel endroit, au Carrefour de telle ville*.

ABSENCE DE LIAISONS APRÈS LES ADJECTIFS NUMÉRAUX CARDINAUX

Les adjectifs numéraux cardinaux sont, tout comme les articles, les adjectifs possessifs, démonstratifs, indéfinis, interrogatifs et exclamatifs, des déterminants et caractérisent le nom qu'ils précèdent. Ils sont donc étroitement attachés à ce nom et, phonétiquement, se lient avec lui quand celui-ci commence par une voyelle ou par un *h* muet. On dit *deux (z)heures, cinq (k) ans,* etc. Cette règle s'applique à tous les noms sans exception, et donc aussi au nom *euro.* Il est vrai que depuis l'écu, qui fut une monnaie utilisée pendant plus de cinq siècles, depuis Louis IX jusqu'à 1793, année où furent frappés les écus dits républicains, la France n'a plus eu de monnaie dont le nom commençait par une voyelle : francs, napoléons, louis, sous et autres livres ont peut-être contribué à faire oublier la nécessité des liaisons avec les numéraux. Ces liaisons sont néanmoins nécessaires y compris après *vingt* et *cent* qui, rappelons-le, prennent un *s* lorsqu'ils sont multipliés et non suivis d'un autre nombre (*quatre-vingts ans* mais *quatre-vingt-deux ans* ; *deux cents livres* mais *trois cent quatre livres*).

ON DIT	ON NE DIT PAS
Un‿(n)euro, vingt(t)euros, cent(t)euros	*Un / euro, deux / euros, vingt / euros*
Quatre-vingts(z)euros, sept cents(z)euros	*Quatre-vingts / euros, sept cents / euros*

ACCIDENT-VOYAGEUR(S)

Cette formule, utilisée par les sociétés de transport, est un exemple du mauvais emploi qui est trop souvent fait de la construction en apposition. Le français, pour marquer la relation d'un terme à un autre, use de prépositions. Cet accident est-il survenu à un voyageur ou *du fait* d'un voyageur ?

L'effet d'indécision ainsi créé, et parfois voulu, est contraire à l'esprit et aux règles de la langue.

ACTER

Le verbe *acter* appartient au vocabulaire juridique et ses emplois doivent rester limités à ce domaine. Il est utilisé à tort aujourd'hui, par emphase, dans divers sens à la place du verbe juste.

Ce verbe est transitif direct, et l'on ne doit pas le construire avec la préposition *de,* par une analogie fautive avec *prendre acte de.*

ON DIT

Nous avons entendu votre réponse, nous en avons pris note

Enregistrer une candidature.

Reconnaître des avancées

Acter une clause, une décision

ON NE DIT PAS

Votre réponse a été actée

Acter une candidature

Acter des avancées

Acter d'une clause. d'une décision

ADJECTIFS AU LIEU DE GROUPES PRÉPOSITIONNELS

On ne doit pas procéder à des extensions d'emploi d'adjectifs, qui sont fautives, pour remplacer des tours prépositionnels corrects. *Porcin* signifie « relatif au porc, qui évoque le porc ». On pourra parler d'*yeux porcins*, mais on dira *un éleveur de porcs* et non *un éleveur porcin*. On dira aussi à juste titre *variole équine* ou *pied équin* pour désigner chez l'homme une malformation du pied, mais on dira *un éleveur de chevaux*.

Carte électorale s'emploie pour désigner le découpage d'un territoire en circonscriptions et les résultats dans celles-ci. C'est d'ailleurs avec ce dernier sens que l'expression est utilisée par Stendhal dans *Lucien Leuwen*. Elle ne devrait pas se substituer à *carte d'électeur*.

AMENER / APPORTER

Ces deux verbes sont souvent employés l'un pour l'autre alors qu'il convient de les distinguer.

Le verbe *apporter* ne peut avoir pour complément qu'un mot désignant un inanimé. *On apporte des fruits, des fleurs, un paquet* et, au figuré, *on apporte de l'aide, un conseil*, etc.

Le verbe *amener* est surtout suivi d'un complément désignant une personne ou un animal. *On amène un enfant, des amis, son chien.*

Le verbe *amener* peut aussi être pris dans le sens de « conduire, transporter une chose en un lieu ou jusqu'à une personne ». *Ces marchandises* seront amenées par bateau, *L'eau est amenée par des conduites, Le matelot amène la voile.*

AMOUR, DÉLICE ET ORGUE

Amour, délice et *orgue* peuvent être masculins au singulier et féminins au pluriel.

Amour (au sens de « sentiment passionné, passion charnelle ») est souvent féminin au pluriel. On le rencontre soit dans un usage populaire qui se reflète dans divers textes (chansons...), soit dans une langue littéraire assez recherchée, au féminin singulier (« *L'amour, la vraie, la grande...* » chez Anouilh ; « *la grande amour* » chez Queneau ; « *cette amour curieuse* » chez Valéry ; *une amour violente*, enregistré par l'Académie), tandis que le masculin pluriel appartient à tous les niveaux de langue. En dehors de ces sens, *amour* est presque toujours masculin, au singulier comme au pluriel ; il l'est toujours quand il désigne des représentations du dieu Amour.

Délice est généralement masculin au singulier et féminin au pluriel. Cependant, après des expressions comme *un de, un des, le plus grand des*, etc., suivies du complément *délices* au pluriel, le masculin est conservé : *un de ses plus suaves délices...*

Orgue, masculin au singulier, est généralement féminin au pluriel quand il désigne de façon emphatique un seul instrument (*les grandes orgues de cette cathédrale*), mais reste au masculin quand il s'agit d'un vrai pluriel (*les orgues anciens de cette région*).

« AN DEUX MIL » OU « AN DEUX MILLE » ?

L'Académie n'admet (et ne privilégie) la variante *mil* de *mille*, dans les dates, que lorsque le numéral au singulier est suivi d'un ou plusieurs autres nombres. Selon cette règle, on devrait écrire l'*an mille*, mais la graphie l'*an mil* est assez fréquente. Elle peut se justifier par l'étymologie : pour un seul millier, le latin employait *mille*, d'où est issue en ancien français la forme *mil* ; pour plusieurs milliers, le latin utilisait *milia*, d'où vient notre *mille*, autrefois prononcé comme dans *famille*. En outre, dès les débuts de notre langue, les deux formes *mil* et *mille* ont été employées concurremment, au singulier comme au pluriel. La règle actuelle, fixée par Oudin, est donc arbitraire. Mais elle s'est imposée au XVIIIᵉ siècle.

En résumé, nous conseillons d'écrire non seulement l'*an deux mille*, mais aussi l'*an deux mille dix*, etc.

ANGLICISMES ET AUTRES EMPRUNTS

Il est excessif de parler d'une *invasion* de la langue française par les mots anglais. Les emprunts à l'anglais sont un phénomène ancien. Pour en donner quelques exemples :
- avant 1700 : *ajourner, boulingrin, contredanse, gentleman, gentry, groom, lord, lord-maire, paquebot, yard, yeoman* ;

- entre 1700 et 1800 : *anesthésie, balbuzard, bas-bleu, gin, méthodisme, pickpocket, stick*;
- entre 1800 et 1850 : *autobiographie, bifteck, cold-cream, job, mess, pickles, silicium, sinécure, speech, steamer*;
- entre 1850 et 1900 : *base-ball, building, dribbleur, goal, lift, lunch, spinnaker, visualiser*;
- entre 1900 et 1920 : *autocar, chewing-gum, crawl, vamp, vitamine*;
- entre 1920 et 1940 : *break, bulldozer, chips, covalence, dévaluer, holding, ionosphère, mescaline, méson, oscar, show, technicolor*;
- entre 1940 et 1960 : *baffle, diariste, jet, marketing, offshore, pergélisol, permafrost, pop, sexy, station service*;
- après 1960 : *audit, codon, cutter, jogging, kart, patch, patchwork, permissif, pesticide*.

Aux emprunts proprement dits, il convient d'ajouter les emprunts sémantiques (qui consistent à donner une nouvelle acception, anglaise en l'occurrence, à des mots français existants comme *conventionnel* ou *négocier*), les réintroductions de termes anciennement empruntés au français par l'anglais (comme *challenge, coach*), et les calques (traductions terme à terme de l'anglais comme *guerre froide, cols blancs* et *cols bleus, homme de la rue...*).

Cette extension des emprunts à l'anglais, qui a connu une accélération depuis une cinquantaine d'années, tient au fait que l'anglais est aussi la langue de la première puissance économique, politique et militaire, et l'instrument de communication de larges domaines spécialisés des sciences et des techniques, de l'économie et des finances, du sport, etc. À cela s'ajoute que l'on concède généralement à l'anglais une concision expressive et imagée qui, si elle peut nuire parfois à la précision (surtout dans l'anglo-américain très pauvre qui sert ordinairement de langue internationale commune), s'accorde au rythme précipité de la vie moderne. Langue mondiale d'usage pratique, l'anglais (principalement l'anglo-américain) exerce une forte pression sur toutes les autres langues. Si Étiemble a popularisé, dans son livre *Parlez-vous franglais ?* paru en 1964, le terme qu'il avait créé en 1959, on rencontre à la même époque *japlish* « mélange de japonais et d'anglais », puis *spanglish* « espagnol et anglais », *gerglish* « allemand et anglais », *russglish, chinglish,* etc. Dans tous les pays, des inquiétudes se sont manifestées, parfois avec véhémence, des voix ont proclamé que la langue nationale était en danger. Qu'en est-il vraiment ?

Un *Dictionnaire des anglicismes* de 1990 en enregistre moins de 3000, dont près de la moitié sont d'ores et déjà vieillis. Les anglicismes d'usage, donc, représenteraient environ 2,5 % du vocabulaire courant qui comprend 60 000 mots. Un *Dictionnaire des mots anglais du français* de 1998, plus vaste, évalue les emprunts de l'anglais à 4 ou 5 % du lexique français courant. Si l'on considère les fréquences d'emploi de ces anglicismes, on constate que beaucoup appartiennent à des domaines spécialisés ou semi-spécialisés et sont donc assez peu fréquents dans la langue courante. Quant aux termes purement techniques d'origine anglaise en usage en France, leur pourcentage est du même ordre.

Dans l'édition en cours du *Dictionnaire de l'Académie française,* sur un total actuel de 38 897 mots répertoriés, 686 sont d'origine anglaise (soit 1,76 %), dont 51 anglo-américains seulement. À titre de comparaison, on trouve 753 mots d'origine italienne (soit 1,93 %), 253 mots venus de l'espagnol (0,65 %) et 224 de l'arabe (0,58 %). Pour affiner encore les statistiques, disons que 48 mots proviennent du russe, 87 du néerlandais, 41 du persan, 26 du japonais et 31 du tupi-guarani ! Sur l'ensemble des mots d'origine étrangère répertoriés dans le *Dictionnaire de l'Académie*, l'anglais ne représente donc que 25,18 % des importations, et est devancé par l'italien, qui vient en tête avec 27,42 %.

Il est en outre à noter que l'on ne considère ordinairement que le lexique pour parler d'une « invasion » de l'anglais. Mais il convient également de veiller à ce que ne soient touchés ni le système phonologique, ni la morphologie, ni la syntaxe, ce à quoi s'emploie l'Académie française. Ainsi suit-elle attentivement l'évolution de certains abus tels que la propension à multiplier les tournures passives, les constructions en apposition et les nominalisations.

Comment se comporter vis-à-vis des emprunts ? La question n'est pas neuve : au xvie siècle, déjà, certains s'inquiétaient des italianismes – quelques centaines de mots italiens introduits en français.

Certains emprunts contribuent à la vie de la langue, quand le français n'a pas d'équivalent tout prêt ni les moyens d'en fabriquer un qui soit commode, quand ils répondent à un besoin, et quand leur sens est tout à fait clair. C'est ainsi que Nodier, cité par Littré, remarquait que « *Confortable* est un anglicisme très-intelligible et très-nécessaire à notre langue, où il n'a pas d'équivalent ».

D'autres sont nuisibles, quand ils sont dus à une recherche de la facilité qui ne fait qu'introduire la confusion : on emploie un anglicisme vague pour ne pas se donner la peine de chercher le terme français existant parmi plusieurs synonymes ou quasi-synonymes. C'est le cas, entre autres, de *finaliser, performant, collaboratif, dédié à* (dans le sens de « consacré à ») ou, pire encore, de *cool, speed, fun,* etc.

D'autres enfin sont inutiles ou évitables, comme la plupart de ceux qui relèvent d'une mode, ceux par exemple qui ont été introduits au XIXᵉ siècle par les « snobs » et les « sportsmen » ou ceux qui, aujourd'hui, sont proposés par des personnes férues de « high tech » ou qui se veulent très « hype » : emprunts « de luxe » en quelque sorte, qui permettent de se distinguer, de paraître très au fait, alors que le français dispose déjà de termes équivalents. Ainsi *feedback* pour *retour, speech* pour *discours, customiser* pour *personnaliser* ou *news* pour *informations*. On remarquera qu'il en va heureusement de ces anglicismes comme de toutes les modes, et qu'ils n'ont parfois qu'une vie éphémère : plus personne ne dit *speaker* (à la radio), *lift* (pour ascenseur), ou *starter, tea gown,* etc. ; plus récemment des termes comme *pitch* ou *soirées afterwork,* un temps très en vogue, semblent passer de mode. De même, on ne dit plus *computer* mais *ordinateur, software* mais *logiciel,* et on opte pour *la vidéo à la demande, l'accès sans fil à l'internet, le biocarburant, le voyagiste, le covoiturage, le monospace, la navette, le passe,* etc. ; cette évolution a été permise grâce au travail de terminologie et de néologie mené par le dispositif de terminologie et de néologie auquel participe l'Académie française.

Il y a donc un tri à opérer. L'Académie française s'y consacre, par son *Dictionnaire* et ses mises en garde, et par le rôle qu'elle tient dans les commissions officielles de terminologie et de néologie des différents ministères et au sein de la Commission générale. Elle contribue à la publication régulière d'équivalents français, répertoriés dans la base de données FranceTerme, accessible aux professionnels et au grand public.

APPÉTENCE

Le nom *appétence* désigne une tendance qui porte tout être vers ce qui satisfait ses instincts, ses besoins, et notamment ses besoins alimentaires. On pourra ainsi dire d'un malade qu'il ne montre aucune appétence pour tel ou tel régime alimentaire. Ce terme est un mot ancien qui fut longtemps peu employé. Quand l'Académie l'introduisit dans son *Dictionnaire,* en 1740, elle assortit sa définition de la remarque suivante : « Il n'a guère d'usage qu'en matière de Physique » (rappelons qu'à cette époque le nom *physique* n'avait pas le sens qu'il a actuellement, mais qu'il désignait les sciences naturelles).

Si *appétence,* par sa forme même et son étymologie, se rapproche d'*appétit,* il convient de ne pas l'employer avec les sens figurés de ce dernier, même si sa relative rareté et sa terminaison en -*ence,* caractéristique des noms abstraits, lui donnent un aspect plus savant.

ON DIT	ON NE DIT PAS
Un appétit de savoir	Une appétence de savoir
Un goût marqué pour la lecture	Une appétence de lecture
Un désir de connaissances	Une appétence de connaissances

APPOSITION :
« LES DANSEUSES ÉTOILES REGARDENT DES FILMS CULTE »

Au pluriel, dans des syntagmes comme *danseuse étoile, film culte, produit phare* ou *mot clé*, qui sont formés d'un nom mis en apposition à un autre nom, le mot apposé suit la règle suivante : il varie uniquement si on peut établir une relation d'équivalence entre celui-ci et le mot auquel il est apposé. Ainsi, on écrira *Les danseuses étoiles regardent des films culte*, car si l'on considère que les danseuses sont des étoiles (elles ont les mêmes propriétés qu'elles, elles brillent de la même façon), il est évident que les films ne sont pas des cultes, mais qu'ils font l'objet d'un culte.

APRÈS QUE

À la différence de *avant que,* qui implique une notion d'éventualité, *après que,* marquant que l'on considère le fait comme accompli, introduit une subordonnée dont le verbe doit être mis à l'indicatif. *Je rentrerai après que la nuit sera tombée. Il est parti après que nous l'avons tous salué.* Le passé antérieur employé dans des phrases comme *Après que le bateau fut sorti du port, la tempête s'éleva* ou *On l'applaudit après qu'il eut parlé* ne doit pas être confondu avec le plus-que-parfait du subjonctif.

AU FINAL

On fait de l'adjectif *final* un substantif dans la construction *au final*, grammaticalement fautive, qui se répand sans que rien la justifie.

Finalement, en dernier ressort, en dernière analyse, qu'en pensez-vous?

Pour finir, ou à la fin, il a préféré s'en aller

Je dirai, en dernier lieu, ou pour finir, que...

Au final, qu'en pensez-vous?

Au final, il a préféré s'en aller

Je dirai, au final, que...

AU JOUR D'AUJOURD'HUI

Au jour d'aujourd'hui, particulièrement redondant puisque *aujourd'hui* comporte déjà deux fois l'idée du « jour où nous sommes » (c'est le sens de *hui*, qui vient du latin *hodie*), se trouve parfois dans la langue littéraire, chez de fort bons auteurs, et très bien employé, lorsqu'il y a volonté d'insistance, pour bien marquer soit une étroite limite temporelle, soit une immédiate actualité. Ainsi chez Maurice Genevoix : « *Une riche plaine bien* de chez nous, aussi belle qu'au jour d'aujourd'hui ». On l'emploie souvent avec une nuance de plaisanterie. L'essentiel est de n'en pas abuser, mais en elle-même, cette tournure n'est pas incorrecte.

AU NIVEAU DE

Cette locution, signifiant « à la hauteur de », décrit la position dans l'espace de deux choses l'une par rapport à l'autre. Il en va ainsi dans des phrases comme : *Une brèche est apparue au niveau de la ligne de flottaison, construire une terrasse au niveau du salon, Le navire parvient au niveau de la jetée,* et, figurément, *se mettre au niveau de son auditoire.*

ON DIT	ON NE DIT PAS
En ce qui concerne l'horaire. Quant à l'horaire	Au niveau de l'horaire
Pour ce qui touche au salaire	Au niveau du salaire
Quant au style	Au niveau du style

AU PLAN

Par analogie avec *au point de vue* (*de*) a été créée la forme fautive *au plan* (*de*).

Le nom *plan* appartient d'abord au vocabulaire de la géométrie. On l'utilise ensuite pour désigner, dans un espace à trois dimensions ou dans sa représentation en perspective, chacune des surfaces planes imaginaires correspondant aux divers degrés d'éloignement des personnes ou des objets que perçoit un observateur. On emploie souvent les locutions *Au premier plan, au second plan, à l'arrière-plan, en gros plan* pour décrire un tableau, une photographie et, figurément, pour souligner l'importance relative de telle personne, de telle chose : *C'est un personnage de premier plan. Il a relégué sa vie privée au second plan.* Cependant, la construction avec la préposition *à* ne saurait être étendue à d'autres emplois. Pour indiquer le point d'où l'on se place pour appréhender telle ou telle question, on utilisera *sur le plan* (*de*). On dit d'ailleurs *Sur ce plan, il a raison* et l'on n'entend jamais *À ce plan, il a raison.* En lieu et place d'*au plan* (*de*) on emploiera donc *sur le plan* (*de*) ou son synonyme *au point de vue* (*de*).

ON DIT	ON NE DIT PAS
Sur le plan international	Au plan international
Sur le plan juridique	Au plan juridique
Au point de vue économique	Au plan économique
C'est indéfendable au point de vue moral	C'est indéfendable au plan moral

AU TEMPS POUR MOI

Il est impossible de savoir précisément quand et comment est apparue l'expression familière *au temps pour moi*, issue du langage militaire, dans laquelle *au temps !* se dit pour commander la reprise d'un mouvement depuis le début (*au temps pour les crosses*, etc.). De ce sens de *c'est à reprendre*, on a pu glisser à l'emploi figuré. On dit *au temps pour moi* pour admettre son erreur – et concéder que l'on va reprendre ou reconsidérer les choses depuis leur début.

L'origine de cette expression n'étant plus comprise, la graphie *autant pour moi* est courante aujourd'hui, mais rien ne la justifie.

AVOIR L'AIR : « ELLE A L'AIR MALIN » OU « ELLE A L'AIR MALIGNE » ?

La neuvième édition du *Dictionnaire de l'Académie française* établit à l'article *air* (partie II, 2) la distinction suivante ·

- lorsque *air* conserve son sens plein (l'expression *avoir l'air* n'étant pas figée, un autre verbe, comme *prendre* ou *se donner*, peut alors se substituer à *avoir*, tandis qu'*un air* ou *des airs* peut remplacer *l'air*), l'adjectif est épithète et s'accorde avec le mot *air* · *avoir l'air noble*, *l'air* guerrier, *l'air martial*; *Elle a l'air gracieux*; *Elles ont l'air niais de leur tante, l'air ingénu propre à certaines adolescentes*;

- lorsque *avoir l'air* est une locution figée dont le sens est « sembler, paraître », l'adjectif qui suit est attribut et s'accorde avec le sujet : *Elle a l'air méfiante*; *Ils ont l'air imbus de leur personne*; *Ces prunes ont l'air bonnes, mauvaises*; *Cette maison a l'air abandonnée*; *Ces recherches ont l'air sérieuses.*

B

BASÉ SUR

L'emploi du verbe *baser* a fait l'objet de longs débats. Littré le considérait comme un néologisme inutile. Royer-Collard, homme politique et professeur de philosophie, combattit vigoureusement son introduction dans le *Dictionnaire de l'Académie française* par ces mots : « S'il entre, je sors ! » On s'accorde aujourd'hui pour employer *baser sur* dans le domaine militaire et l'y réserver : *Des troupes ont été basées sur la frontière.* On évitera donc l'emploi figuré, transposition de l'anglais *based on,* qui s'est abusivement répandu, et on lui préférera des synonymes comme *fonder, établir* ou *asseoir.*

ON DIT	ON NE DIT PAS
Une théorie établie sur des bases vérifiables	Une théorie basée sur des faits vérifiables
Un raisonnement établi sur des déductions judicieuses	Un raisonnement basé sur des déductions judicieuses
Une prospérité fondée sur l'industrie et l'agriculture	Une prospérité basée sur l'industrie et l'agriculture

BEST-OF

Mot anglais très couramment employé, *best-of,* souvent écrit *best-off,* désigne une sélection d'airs d'opéra, de chansons, de sketchs, d'extraits d'émissions ayant connu un succès particulier.

Ce terme, qui tend avant tout à faire vendre les disques des chanteurs ou des imitateurs, est étendu à d'autres domaines pour désigner une revue sélective de ce qui a ou qui peut rencontrer la faveur du public. Le *best-of de la mode, du design,* un *best-of de citations, de recettes.*

On peut dire la même chose en utilisant le mot français *florilège,* la formule *le meilleur de,* ou, simplement, s'en tenir aux termes de *revue, choix, sélection.*

BLACKLISTER

À la fin du livre I de *La Chartreuse de Parme,* Marietta rencontre Fabrice qu'elle croyait en fuite après qu'il avait tué Giletti et lui dit : « [...] Venise, où je savais bien que vous n'iriez jamais, puisque vous êtes sur la liste noire de l'Autriche. » Si Stendhal place dans la bouche de ce personnage l'expression *liste noire,* c'est qu'elle est répandue et populaire. Notons que l'usage a cependant un peu changé puisque aujourd'hui le complément de *liste noire* n'en est plus le détenteur, mais ceux qui y figurent. On parle par exemple de la *liste noire des compagnies aériennes dangereuses.* On employait autrefois une expression à peu près équivalente : *être écrit sur le livre rouge, être sur le livre rouge,* qui signifiait « être marqué, noté, pour une ou plusieurs fautes qu'on a commises ».

Le français peut donc indiquer l'exclusion sans avoir recours à l'anglicisme *blacklister,* tiré du verbe anglais *to blacklist,* « inscrire sur une liste noire », lui-même dérivé de la locution nominale *black list.*

ON DIT

Figurer sur une liste noire, être écarté parce que l'on est sur une liste noire

ON NE DIT PAS

Être blacklisté

BLINDÉ

Blindé, qui a la même origine que l'anglais *blind,* « aveugle », a d'abord qualifié un ouvrage militaire si bien dissimulé qu'il était invisible aux yeux de l'ennemi, puisqu'il était couvert de fascines et autres branchages. Ce participe passé a pris en argot le sens d'« ivre », puisque plus rien ne semble pouvoir atteindre celui qui se trouve dans cet état. C'est, avec « couvert d'un blindage », et le sens figuré d'« endurci », « protégé » : *un artiste blindé contre les critiques,* les seuls sens corrects de *blindé.* On évitera donc d'en faire un équivalent de *plein, rempli, débordé,* que l'on parle d'un lieu, d'un agenda ou d'une personne.

Si donc un restaurant n'a pas une vitrine munie de plaques d'acier, on ne dira pas, quelle que soit sa fréquentation, qu'il est blindé.

Il n'y a plus une place dans ce bar	Ce bar est blindé de monde
Je n'ai plus une date de libre dans mon agenda	Mon agenda est blindé
Je n'ai plus un instant à moi	Je suis blindé

BOOKÉ, OVERBOOKÉ, SURBOOKÉ

L'anglais *book,* « livre », a donné, par métonymie, le verbe *to book,* « noter, enregistrer », puis « réserver ». Ce verbe s'est d'abord appliqué à des lieux, théâtres, restaurants, etc. Le participe passé *booked* s'est ensuite appliqué adjectivement à des personnes. La langue française dispose de nombreux équivalents à l'anglicisme *booké* et à son dérivé *overbooké* ou au monstre linguistique mi-anglais mi-français *surbooké*. Des formes comme *occupé, très occupé, sans un moment de libre* conviennent parfaitement.

Être occupé

N'avoir aucun moment de libre

Avoir un agenda bien rempli

Être booké

Être surbooké, être overbooké

BOOSTER

Forme francisée du verbe anglais *to boost*, *booster* (prononcé *bouster*) est très utilisé, notamment dans la presse, par un pur effet de mode.

Stimuler, régénérer la peau, les cheveux

Relancer, augmenter les ventes

Relancer, stimuler, accélérer la croissance

Développer, faire croître la filière nucléaire

Booster la peau, les cheveux

Booster les ventes

Booster la croissance

Booster la filière nucléaire

BRIEFER, DÉBRIEFER

Les formes anglaises sont issues de l'ancien français *bref,* « lettre, message », qui subsiste encore aujourd'hui dans le vocabulaire religieux. Ces deux anglicismes, limités jusqu'à il y a peu aux mondes diplomatique et militaire, ont gagné ensuite le vocabulaire de l'aviation, du sport, de l'entreprise et sont maintenant entrés dans la langue courante. Il existe en français un grand nombre de verbes et d'expressions qui permettent de se passer aisément de ces anglicismes, ainsi que de leurs dérivés *briefing* et *débriefing.*

ON DIT	ON NE DIT PAS
Informer ses collaborateurs	Briefer ses collaborateurs
Une réunion préparatoire	Un briefing
Faire le bilan d'un match	Débriefer un match
Une réunion bilan	Une séance de débriefing

BUSINESS

Business est un anglicisme assez ancien ; il apparaît en 1884 dans *La Rue à Londres,* de Jules Vallès, et signifie « affaires commerciales ». Il se spécialise ensuite, dans la langue populaire, au début du XXᵉ siècle pour désigner le commerce des corps, la prostitution surtout dans la locution *faire le business,* « se prostituer ». Depuis les années cinquante, ce mot est employé en apposition dans la locution *showbusiness,* souvent abrégée en *showbiz.* Ce type de construction, propre à l'anglais mais assez éloignée du génie de la langue française qui lui préfère les tours prépositionnels, semble se multiplier aujourd'hui. Qui n'a pas rencontré des formes comme *sport business, foot business, charité business* et bien d'autres encore. Dans ces emplois, *business* peut être avantageusement remplacé par des formes comme *marchandisation, exploitation,* etc. Pourquoi s'en priver ?

ON DIT	ON NE DIT PAS
La marchandisation de la charité	Le charité business
L'exploitation commerciale du sport	Le sport business
Un plan de développement	Un business plan

BUZZ

Terme anglais lié à la multiplication des messageries et des forums en ligne, *buzz* a envahi le champ de l'information.

On le dit intraduisible dans cet emploi, alors que son équivalent français *bourdonnement* est officiellement admis en aéronautique, et que *bouche à oreille* le remplace dans le domaine de l'économie et de la gestion.

Dans la langue courante, *faire le buzz sur l'internet, dans les réseaux sociaux* pourrait être remplacé par *faire parler, faire du bruit, créer une rumeur, faire la rumeur,* expressions qui traduisent, comme l'onomatopée *buzz,* la vaine agitation créée autour d'un phénomène passager.

C

CANDIDATER

Les noms terminés en -*at* sont assez fréquents en français. Ils désignent le plus souvent un titre ou une dignité, essentiellement dans les domaines historique, religieux ou administratif : *consulat, pontificat, notariat*. Ces noms en -*at* peuvent aussi désigner des personnes : certains appartiennent à la langue populaire ou familière (*bougnat, loufiat, malfrat, galapiat*), mais ceux, les plus nombreux, qui appartiennent à la langue courante sont des formes empruntées à d'anciens participes passés latins : *légat, avocat, castrat, lauréat* ou *candidat*. *Candidatus* signifie, proprement, « vêtu de blanc », car à Rome les candidats aux élections revêtaient une toge blanche. On évitera donc de faire dériver de ce nom un verbe actif. On n'*avocate* pas, on ne *lauréate* pas, on se gardera de *candidater*. On utilisera des formes comme *postuler, être candidat (à), briguer, poser sa candidature*.

ON DIT	ON NE DIT PAS
Postuler un emploi de comptable	Candidater pour un emploi de comptable
Être candidat à la députation	Candidater à la députation
Poser sa candidature pour un poste de jardinier	Candidater pour un poste de jardinier

CAPTURER / CAPTER

Le verbe *capturer* indique la prise par la force ou la ruse. *Capter* s'emploie surtout dans les domaines techniques. Tout bon orateur cherche à capter l'attention de son auditoire. Les anciens insistaient sur cette *captatio benevolentiae,* qui trouvait sa place dans l'exorde. Mais ces verbes, à la différence de *saisir,* ne doivent pas être employés en lieu et place de verbes comme *percevoir, comprendre,* ou *ressentir.*

ON DIT

Ce romancier a bien saisi l'atmosphère de cette époque

Sa grande sensibilité lui permet de comprendre les émotions d'autrui.

ON NE DIT PAS

Ce romancier a bien capturé l'atmosphère de cette époque

Sa grande sensibilité lui permet de capter les émotions d'autrui.

CARRÉMENT POUR OUI

Nous avons, en octobre 2011, dans la rubrique « Bonheurs et Surprises » de *Dire, ne pas dire,* regretté que *oui* soit trop souvent remplacé par d'autres adverbes. Parmi ceux-ci figure *carrément.* Il signifiait autrefois « en carré, à angle droit » ; en charpenterie, *couper carrément* était synonyme d'« équarrir ». On l'emploie aujourd'hui correctement de manière figurée pour signifier « de façon nette, claire et complète », ou pour marquer un étonnement admiratif : *Je lui ai dit qu'il n'en était pas question. – Oh ! là là ! Carrément ?* Mais on doit bien se garder d'en faire, erreur hélas trop fréquente, un simple équivalent de *oui, volontiers, avec plaisir* ou d'autres formes équivalentes.

ON DIT

Avez-vous aimé ce film ? Oui

Prendrons-nous un verre ?
Volontiers

ON NE DIT PAS

Avez-vous aimé ce film ?
Carrément

Prendrons-nous un verre ?
Carrément

CASH

L'anglicisme *cash* a la même origine que le français *caisse,* l'un et l'autre étant issus du latin *capsa,* d'où vient aussi le nom *châsse. Cash,* malheureusement, se répand en français où on l'utilise en lui faisant jouer différents rôles : celui d'adverbe dans des expressions comme *payer cash,* celui de nom dans *avoir du cash* et, enfin, celui d'adjectif dans *être cash.* Le français a des équivalents pour ces différentes expressions, qu'il serait dommage de ne pas employer.

ON DIT	ON NE DIT PAS
Payer comptant	Payer cash
Avoir des espèces *ou,* *familièrement,* avoir du liquide	Avoir du cash
Être d'une franchise un peu brutale	Être cash

CE QUI RESTE OU CE QU'IL RESTE ?

Avec les verbes susceptibles d'être construits soit personnellement, soit impersonnellement, on utilise *ce qui* ou *ce qu'il* : *qui* est le sujet du verbe construit personnellement, *qu'il* apparaît dans la tournure impersonnelle. La nuance entre les deux possibilités est parfois indiscernable. Ainsi : *ce qui restait d'élèves…* (Pagnol) ; *ce qui lui reste de sainteté* (Maurois) ; *ce qu'il lui restait à faire* (R. Rolland) ; *ce qu'il vous reste à découvrir* (Duhamel). On peut donc écrire aussi bien : *Nous verrons ce qui se passera* ou *ce qu'il se passera.*

C'EST / CE SONT

C'est, suivi d'un nom au pluriel ou d'un pronom autre que personnel, s'accorde avec celui-ci. Toutefois le singulier se rencontre parfois à l'écrit, particulièrement dans les cas suivants :

- lorsque singulier et pluriel sont identiques pour l'oreille : *Ce n'était pas des mensonges* ;
- lorsque *ce* reprend un nom ou un pronom au singulier qui le précède : *Le monument qu'on aperçoit, c'est les Invalides* ;
- lorsque l'attribut, également appelé complément du présentatif, est formé de plusieurs noms coordonnés dont le premier au moins est au singulier : *C'est le chocolat et les bonbons que préfèrent les enfants.* Mais le pluriel est obligatoire quand l'attribut multiple développe un pluriel ou un collectif qui précède : *Il y a cinq continents, ce sont...*

Dans tous ces cas cependant, le pluriel est de meilleure langue.

Le singulier est obligatoire dans certains cas :

- quand le verbe est suivi de *nous, vous* : *C'est vous tous qui avez décidé* ;
- dans l'indication de l'heure, d'une somme d'argent, etc., lorsque l'attribut de forme plurielle est pensé comme un tout, comme une quantité globale : *C'est onze heures qui sonnent* ;
- quand le pronom *en* est intercalé dans l'expression : *Je voulais vous rapporter des pleurotes, mais je ne sais si c'en est.*

CHALLENGE

Beaucoup d'anglicismes viennent du monde du sport. Parmi ceux-ci : *challenge,* qui désigne d'abord le défi lancé par un prétendant au tenant d'un titre, puis tout type de compétition. À l'origine de ce mot, on l'oublie trop souvent, il y a l'ancien français *chalenge,* qui est issu, par l'intermédiaire du latin médiéval *calengia,* « réclamation », de *calumnia,* « accusation ». En ancien français, *chalenge,* qui s'écrivait aussi *calonge, calompne, chaloigne,* etc., désignait d'abord une action en justice, puis un défi. Peu à peu *défi* s'est imposé dans l'usage et *chalenge* a disparu. Avec les termes *défi* et *compétition,* le français a les mots nécessaires pour éviter le recours à l'anglicisme *challenge.* Pourquoi ne pas les employer ?

ON DIT

Relever un défi

Une compétition d'escrime

ON NE DIT PAS

Relever un challenge

Un challenge d'escrime

CI-ANNEXÉ, CI-INCLUS, CI-JOINT

1. L'accord se fait normalement :
- lorsque ces locutions adjectives, avec la fonction d'épithète, suivent immédiatement le nom auquel elles se rapportent : *La lettre ci-annexée ; La*

note ci-incluse apporte les précisions nécessaires; *Veuillez remplir la déclaration ci-jointe*; *Ne communiquez à personne les pièces ci-jointes*;
- lorsqu'elles sont attributs du sujet: *Votre lettre est ci-jointe.*

2. Inversement, elles demeurent invariables lorsqu'elles ont une valeur nettement adverbiale (elles sont alors traitées sur le modèle des locutions adverbiales *ci-après* ou *ci-contre*), ce qui est le cas notamment lorsqu'elles sont placées:
- en tête d'une phrase sans verbe, devant un groupe nominal (avec ou sans déterminant): *Ci-annexé la copie des pièces demandées*; *Ci-inclus les photocopies du document*; *Ci-joint l'expédition du jugement*; *Ci-joint les deux quittances exigées*. Ou encore: *Ci-joint copie du rapport*. On écrira cependant: *Ci-incluses, ces pièces vous sont communiquées pour information* (tour rare, il est vrai), la locution étant ici en apposition;
- à l'intérieur d'une phrase, avec un nom sans déterminant (qu'elles précèdent ordinairement): *Je vous adresse ci-inclus quittance de votre versement*; *Vous trouverez ci-joint copie du contrat*; *La circulaire dont vous trouverez copie ci-inclus.*

3. Dans les autres cas, lorsque ces locutions sont employées, dans le corps de la phrase, avec un substantif accompagné d'un déterminant, l'usage n'est pas fixé. Selon qu'on leur accorde une valeur adjective ou adverbiale — sans qu'il soit jamais possible de trancher —, on fait ou non l'accord. La huitième édition de l'Académie (1935) ne manquait pas de rendre compte d'une telle latitude: *Vous trouverez ci-incluse la copie que vous m'avez demandée* (article *ci*). *Vous trouverez ci-inclus une lettre de votre père* (article *inclus*). On écrira donc: *Je vous fais parvenir ci-joint, ou ci-joints* *plusieurs exemplaires de mon mémoire.* Il en va de même lorsque *ci-annexé*, *ci-inclus* ou *ci-joint* peuvent être considérés comme l'attribut d'un pronom antéposé : *Retournez-moi les formulaires que vous trouverez ci-joints* ; *La lettre que vous trouverez ci-incluse.* Mais l'invariabilité – *Retournez-moi les formulaires que vous trouverez ci-joint* ; *La lettre que vous trouverez ci-inclus* – apparaissant aussi pleinement justifiée, aucune des deux graphies ne saurait être tenue pour fautive.

L'incertitude observée dans l'usage, qui ne doit rien, on le voit, à l'hésitation ou à l'arbitraire, peut cependant être levée en fonction de connotations diverses tenant au contexte, ou parfois même à la recherche de tel ou tel effet stylistique. Si Bernanos écrit à l'un de ses correspondants : « *Vous trouverez ci-joint les pages dactylographiées de mon roman* », Hugo préfère : « *Je vous envoie ci-incluses des paroles prononcées ici par moi au moment de la proscription.* » On se plaît à relever chez Musset (*Nouvelles*, « *Margot* », I) l'exemple suivant : « *Je prends la liberté de vous envoyer ci-jointes des rillettes.* »

CLÔTURER LA SÉANCE

Le verbe *clôturer* signifie « enclore, fermer d'une clôture ». C'est un dérivé de *clôture* et un parent plus ou moins lointain de mots comme *clore*, *cloître* mais aussi *clef, clou, éclore, exclure,* ou encore *cheville* ou *clavicule.* Ce verbe ne s'emploie qu'au sens propre. *Clôturer des prés, un bosquet.* Il n'a pas de sens figuré et ne peut donc s'employer avec le sens de « terminer » en lieu et place de verbes comme *clore* ou de périphrases comme *mettre fin à, mettre un terme à, conclure.* On notera que *clôture,* plus ancien de six siècles, a, lui, des sens figurés et que l'on dit fort bien *la clôture de la Bourse.*

ON DIT	ON NE DIT PAS
Le congrès s'achève lundi	Le congrès se clôture lundi
Il est temps de clore ce dossier	Il est temps de clôturer ce dossier

COACH, COACHER ET COACHING

Le terme de *coach* ainsi que ses dérivés *coaching* et *coacher,* d'abord employés à propos de sport, tendent aujourd'hui à être appliqués à toutes sortes d'activités professionnelles ou privées.

Ces mots anglais ont des équivalents français qu'il convient d'utiliser. On parlera de l'*entraîneur* et de l'*entraînement* d'une équipe, on dira d'un sportif qu'il est bien ou mal *entraîné.*

Selon les situations, on se servira des termes de *conseiller,* de *guide,* de *répétiteur,* de *tuteur,* de *mentor,* et on aura recours aux nombreux verbes qu'offre la langue usuelle, comme *accompagner, aider, assister, encadrer, former, soutenir, suivre,* etc.

COMMUNAUTÉ

Communauté désigne un groupe humain uni par un lien social. On parle ainsi de *communauté familiale,* de *communauté villageoise* ou, plus largement de *communauté nationale* ou *internationale*. Par extension, on utilise aussi ce terme pour évoquer ceux qui ont en commun une langue ou une religion ; ces extensions sont légitimes, mais l'on peut s'interroger sur l'étrange prolifération du mot *communauté* aujourd'hui, qui est de plus en plus souvent utilisé pour désigner tout agglomérat de personnes, quand bien même nombre de ces personnes ne souhaitent pas être définies par leur appartenance à tel ou tel groupe. Dans bien des cas le syntagme *la communauté* pourrait facilement et élégamment être remplacé par l'article défini *les*.

ON DIT

Les utilisateurs de...

Ceux qui fument le cigare, les amateurs de cigares

ON NE DIT PAS

La communauté des utilisateurs de...

La communauté des fumeurs de cigares

CONFUSANT

L'anglais *confused* a les mêmes sens que l'adjectif français *confus*, que l'on parle d'une personne ou d'une chose, et cela n'est guère étonnant puisque la forme anglaise est empruntée du français. Mais de l'adjectif *confused*, l'anglais a tiré le verbe *to confuse*, que l'on pourrait traduire par « confondre » ou, dans d'autres contextes, par « troubler », « brouiller », ou encore par « perturber ». Du verbe *to confuse* a été tiré l'adjectif verbal *confusing*, malheureusement traduit par un calque maladroit de l'anglais : le néologisme *confusant*. Ce terme est à proscrire car il n'existe pas en français de verbe *confuser*, et l'on doit lui préférer des termes depuis longtemps validés par l'usage comme *troublant, perturbant, déconcertant*, etc.

Son attitude est troublante

Ces propos contradictoires nous embrouillent

Son attitude est confusante

Ces propos contradictoires sont confusants

CONSCIENTISER

Le verbe *conscientiser*, qui tend à se répandre dans la langue courante, est une transcription du néologisme anglais *to conscientize*. Si le suffixe *-iser* est très productif en français pour la formation des verbes (*actualiser*, *carboniser, démocratiser, étatiser, populariser*), on constate qu'on ne l'utilise jamais avec des radicaux qui se terminant par *-ence*. Par ailleurs, les emplois du verbe anglais *to conscientize* sont mal définis. Il en va de même pour *conscientiser* et les phrases dans lesquelles on le retrouve sont confuses et maladroites. Il est donc préférable, pour plus de clarté, d'avoir recours à des périphrases utilisant le nom *conscience* ou à des verbes comme *avertir, sensibiliser,* etc.

ON DIT	ON NE DIT PAS
Avertir les parents des dangers de l'internet	Conscientiser les parents aux dangers de l'internet
Faire prendre conscience aux consommateurs que...	Conscientiser les consommateurs que...
Faire revenir à la conscience des souvenirs refoulés	Conscientiser des souvenirs refoulés

CONSÉQUENT

Conséquent, comme *consécutif,* est tiré du latin *sequi,* « suivre ». Cet adjectif a donc pour sens, lorsqu'il s'applique à une personne, « qui agit avec esprit de suite », et, lorsqu'il s'applique à une chose, « qui est dans la suite logique de ». La locution adjectivale *de conséquence* signifie « qui aura des suites » et donc « d'importance ». Mais employer *conséquent* pour « important », « considérable » ou encore « gros » est un barbarisme contre lequel Littré mettait déjà en garde.

ON DIT	ON NE DIT PAS
Un personnage important	Un personnage conséquent
Jouir d'une fortune considérable	Jouir d'une fortune conséquente
Un gros homme	Un homme conséquent

CONTRÔLER AU SENS D'ÊTRE MAÎTRE

Le nom *contrôle* est un dérivé de *rôle*, lui-même emprunté au latin médiéval *rollus,* désignant un morceau de parchemin qu'on conservait roulé sur lui-même. Le premier sens de *rôle* est celui de « liste inscrite sur un rouleau de papier ». Pour vérifier que ce qui était porté sur cette première liste était exact, on en établissait une deuxième, appelée « contre rôle », qui, par haplologie, a ensuite donné *contrôle.* On s'efforcera de garder à *contrôle* son sens originel de « vérification » et on évitera de lui donner, sous l'influence de l'anglais *control,* le sens de « maîtrise », « conduite » ou « commandement ». Il en va naturellement de même pour *contrôler* qui signifie « vérifier » et non « se rendre maître de ». La confusion entre ces sens peut engendrer bien des malentendus. Ainsi dans *Le Babélien,*

Étiemble écrit : « *Je me suis laissé dire, à propos des sens de* control, *que si les Anglais ont bombardé Mers-el-Kébir en 1940, c'est par suite d'une méprise sur les sens différents du verbe anglais* to control *et du français* contrôler. » Même si les conséquences de ces impropriétés ne sont, Dieu merci, pas toujours aussi dramatiques, on s'efforcera de ne pas donner à ces termes des sens qui ne sont pas les leurs. Est-il besoin de préciser que la locution anglaise *under control* est à proscrire en français ?

ON DIT	ON NE DIT PAS
Nous maîtrisons la situation	La situation est sous contrôle
La limitation des naissances	Le contrôle des naissances
Nous sommes maîtres de la région	Nous contrôlons la région

COUPE CLAIRE, COUPE SOMBRE

Ces images de *coupe claire* et de *coupe sombre*, empruntées au langage de la sylviculture, sont fréquemment employées, mais bien souvent à contresens. Une *coupe claire,* pratiquée pour laisser passer la lumière, consiste à abattre un grand nombre d'arbres. Elle est donc plus sévère qu'une *coupe sombre,* consistant à abattre quelques arbres seulement, sans que le sous-bois s'en trouve éclairé.

Un auteur doit donc redouter davantage la *coupe claire* que la *coupe sombre* dans son texte, et les *coupes claires* dans les crédits sont plus à craindre que les *coupes sombres*.

COURBATU / COURBATURÉ

Courbatu est un mot très ancien dont ont dérivé le nom *courbature* puis le verbe *courbaturer*.

C'est *courbatu* que l'on emploiera justement pour évoquer l'état de lassitude générale provoqué par la fatigue ou la maladie, qui évoque la sensation éprouvée par celui qui a été battu à bras raccourcis. *Se sentir courbatu après une longue marche.*

Courbaturé se rapporte proprement à la *courbature,* raideur musculaire localisée provoquée par un trop long effort. *Être courbaturé après une séance de gymnastique, avoir les épaules courbaturées.*

COURRIEL / MÉL.

D'origine québécoise, *courriel,* qui s'est répandu dans l'usage comme équivalent de l'anglais *e-mail,* désigne le message électronique et peut être, par extension, employé au sens de messagerie électronique: *envoyer un courriel* ; *confirmer sa venue par téléphone ou par courriel.*

Ce terme a été approuvé par l'Académie française en juin 2003. Toutefois les termes *message électronique* d'un côté et *messagerie électronique* de l'autre peuvent être employés comme synonymes de *courriel*.

En revanche, on ne peut substituer *mél.* à *courriel* puisque *mél.* n'est pas un mot plein, mais l'abréviation de *messagerie électronique*. Il doit s'utiliser uniquement devant une adresse électronique, de même qu'on utilise *tél.* uniquement devant un numéro de téléphone. *Mél. : untel@voila.fr*

CRÉNEAU ALTERNATIF

Une mauvaise habitude se répand de nos jours : le remplacement de mots simples, d'usage courant et assemblés de manière précise, par d'autres plus vagues, plus obscurs et volontiers jargonnants. Des formes comme « autre possibilité, autre solution, autre choix » sont trop souvent remplacées aujourd'hui par « créneau alternatif », sans doute perçu comme plus technique et donc plus moderne.

Choisissons d'employer ces formes validées par un long usage plutôt que ce néologisme pédant.

ON DIT

Il existe une autre possibilité

ON NE DIT PAS

Il existe un créneau alternatif

CROIVENT POUR CROIENT

On entend de plus en plus souvent (et ce qui s'entend fréquemment finit tôt ou tard par se lire) *croivent* au lieu de *croient*. Sans doute est-ce dû à l'analogie d'une part entre *croire* et *boire*, dont les terminaisons d'infinitif et des trois personnes du singulier de l'indicatif présent sont semblables, et, d'autre part, avec *savoir*, qui est de sens assez proche et dont la terminaison, à la troisième personne du pluriel, est elle aussi en *-vent*. La forme *croivent*, aussi utile et précieuse soit-elle pour comprendre comment fonctionne l'analogie, n'en reste pas moins une faute grossière.

CUSTOMISER, TUNING

Le monde de l'automobile nous a donné ces deux anglicismes, que l'on peut remplacer par des formes françaises de bonne langue.

L'anglais *to customize*, « faire sur commande », « personnaliser », est dérivé de *custom*, « coutume », « habitude », puis « clientèle », lui-même dérivé de l'ancien français *custume*. On peut et on doit éviter l'anglicisme *customiser*, car il existe des formes de même sens en français, comme « personnaliser » ou « adapter à ses goûts ».

L'anglais *tuning* « réglage », est dérivé de *to tune*, d'abord employé dans le domaine musical, au sens de « donner le ton, harmoniser », puis dans le monde de l'automobile, avec le sens de « régler un moteur ». Il désigne aujourd'hui le fait d'ajouter des éléments à un moteur pour en améliorer les performances, puis, plus largement, le fait d'ajouter des accessoires à un véhicule.

Comme pour *customiser,* les équivalents français existent. On pourra parler de « personnalisation » ou d'« ajout d'accessoires ».

ON DIT	ON NE DIT PAS
Personnaliser son véhicule	Customiser son véhicule
Modifier un appartement selon ses goûts	Customiser un appartement
Un garage spécialisé dans la personnalisation des camions	Un garage spécialisé dans le tuning des camions

D

D'AILLEURS, PAR AILLEURS

Ces deux expressions ne doivent pas être confondues. *D'ailleurs,* au sens propre, signifie « d'un autre endroit », « d'autres endroits » : *Il en est venu de toute la région, et même d'ailleurs.* Au figuré, cette locution a le sens de « du reste », « au reste » et s'emploie alors le plus souvent avec une valeur concessive. *Par ailleurs* signifie d'abord « par un autre chemin » : *Je suis allé à sa rencontre et ne l'ai pas vu ; il a dû passer par ailleurs.* Il s'emploie au figuré avec le sens de « d'un autre côté », « par un autre moyen ». On s'efforcera de garder à chacune de ces expressions ses nuances et de ne pas employer l'une pour l'autre.

ON DIT

Il voit peu son frère, qui d'ailleurs ne s'en plaint pas

Il était latiniste et par ailleurs féru de chimie

ON NE DIT PAS

Il voit peu son frère, qui par ailleurs ne s'en plaint pas

Il était latiniste et d'ailleurs féru de chimie

DE PAR

La locution prépositionnelle *de par* se rencontre dans des formules figées d'usage vieilli, comme *de par le roi, de par la loi,* où elle a son sens premier de « de la part de », « au nom de ». On la trouve également au sens d'« en quelque endroit de » notamment dans la formule *de par le monde* : *C'est un homme qui a beaucoup voyagé de par le monde.*

On évitera de l'employer au sens de « du fait de », « étant donné ».

DEADLINE

À l'origine, ce mot a un sens très fort. *Deadline,* « ligne de mort », désigne la limite au-delà de laquelle un prisonnier ne peut s'aventurer sans courir le risque d'être abattu par les gardiens. Par extension, il désigne aujourd'hui, en anglais, la date avant laquelle un travail doit obligatoirement être achevé. Le français dispose de nombreux moyens pour marquer cette limite temporelle.

ON DIT	ON NE DIT PAS
C'est vendredi le dernier délai	C'est vendredi la deadline
La date butoir pour la remise de cet article a été fixée au 15 mars	La deadline pour la remise de cet article a été fixée au 15 mars

On peut aussi user de tours plus familiers comme *dernier carat* : *Les travaux doivent être finis à Noël, dernier carat.*

DÉBUTER / DÉMARRER

Le verbe *débuter* ne peut avoir de complément d'objet direct. On dira *Il débute, il débute dans la carrière, à la radio, comme chef d'orchestre,* et non *Il débute sa carrière de chef d'orchestre.* On dit *Il commence sa journée, il engage une procédure, il ouvre la séance,* et non *Il débute sa journée, il débute une procédure, il débute la séance.*

Il en va de même pour le verbe *démarrer,* dans ses significations usuelles. *La voiture démarre, le moteur démarre, on les fait démarrer.* On ne dira pas *On démarre la voiture. L'émission peut démarrer, le journaliste commence l'émission.* On ne dira pas *démarrer l'émission.*

Toutefois, dans son sens premier, *démarrer,* signifiant « détacher une embarcation amarrée », admet un complément. *On démarre un navire, on en largue les amarres.*

DÉCIMER

Ce verbe nous vient du latin *decimare,* qui signifie punir de mort un soldat sur dix après tirage au sort, lorsqu'une unité s'était mal conduite.

C'est pourquoi *décimer* s'emploie en français lorsqu'on veut indiquer qu'une partie, souvent importante, d'un groupe, d'une population a péri. On ne le confondra pas avec le verbe *exterminer,* qui marque l'anéantissement, la destruction complète d'un ensemble d'être vivants.

DÉCRÉDIBILISER POUR DISCRÉDITER

Des adjectifs marquant la possibilité et construits avec les suffixes *-able, -ible* et *-uble,* il n'a été tiré que très peu de verbes, cette dérivation étant sans doute éloignée du génie de notre langue. On se gardera donc d'employer les verbes *crédibiliser* et *décrédibiliser* apparus il y a quelque temps déjà et l'on se souviendra que le verbe *créditer* et ses dérivés, ainsi que les périphrases où figurent ces verbes, sont plus appropriés pour exprimer l'idée que telle action, telle attitude fait perdre ou augmente le crédit dont jouissait quelqu'un ou quelque chose. Rappelons de surcroît que l'adjectif *crédible* s'applique aux idées et non aux personnes ; d'un homme on dira qu'il est sérieux, digne de foi, qu'il inspire confiance, etc.

ON DIT	ON NE DIT PAS
Ces succès accréditent le bien-fondé de notre méthode	Ces succès crédibilisent notre méthode
Ses mensonges répétés l'ont discrédité	Ses mensonges répétés l'ont décrédibilisé

DÉDICACER POUR DÉDIER OU CONSACRER

Le verbe *dédicacer* signifie « pourvoir d'une dédicace » ou « adresser, offrir avec une dédicace ». On ne doit donc pas donner à ce verbe les sens de « dédier », « consacrer », qu'il n'a plus depuis le xve siècle. C'est malheureusement une faute qui tend à se répandre à cause d'une confusion avec l'anglais *to dedicate* qui, lui, a conservé les sens de *dédier* et de *consacrer*. On évitera aussi la faute qui consiste à employer absolument le participe *dédié*.

ON DIT

Une journée dédiée aux lépreux

Consacrer une église

Consacrer sa vie à la recherche

Du matériel affecté à tel usage

ON NE DIT PAS

Une journée dédicacée aux lépreux

Dédicacer une église

Dédicacer sa vie à la recherche

Du matériel dédié.

DÉFINITIVEMENT

L'adverbe *définitivement* existe en français et signifie « de manière définitive » ou « pour en finir ». L'anglais *definitely* a la même origine, mais il n'a pas le même sens : il sert essentiellement à donner plus de poids à une réponse affirmative. Ne confondons pas les deux langues, et préférons

« absolument », « vraiment » ou « oui, bien sûr » pour mettre en valeur nos propos ou répondre par l'affirmative à une question.

ON DIT

Viendrez-vous demain ? Oui, bien sûr

Je suis absolument sûr de moi

ON NE DIT PAS

Viendrez-vous demain ? Définitivement

Je suis définitivement sûr de moi

DEPUIS

La préposition *depuis* a d'abord été utilisée pour introduire un complément circonstanciel de temps : *Il est absent depuis lundi dernier.* Son emploi s'est étendu à des compléments circonstanciels de lieu se rapportant à un verbe de mouvement : *Depuis Lyon, nous avons roulé sous la pluie,* et à des constructions corrélatives, généralement avec la préposition *jusqu'à* : *La France s'étend depuis les Alpes jusqu'à l'Océan.* En dehors de ces cas, c'est la préposition *de* qui marque l'origine et non *depuis*.

ON DIT

De la tour, vous voyez tout le village

Il l'a salué de sa fenêtre

ON NE DIT PAS

Depuis la tour, vous voyez tout le village

Il l'a salué depuis sa fenêtre

Des images retransmises de
Londres

Des images retransmises depuis
Londres

DÉROULÉ POUR DÉROULEMENT

Il arrive souvent, en français, que d'un même verbe on tire un nom dérivé en -*ment* et un participe passé substantivé. L'un désigne une action et l'autre le résultat de cette action ou la personne qui a, selon les cas, bénéficié de cette action ou l'a subie. On distingue donc l'*affranchissement* de l'*affranchi*, l'*abrutissement* de l'*abruti*, l'*abrègement* de l'*abrégé*. Mais cette double dérivation n'est en rien systématique et il arrive qu'un terme unique désigne à la fois l'action et le résultat comme, parmi tant d'autres, le terme *déroulement*. On se gardera donc d'employer le néologisme récent *déroulé* dont le sens ne diffère en rien de celui de *déroulement*.

ON DIT	ON NE DIT PAS
Voici le programme de la journée	Voici le déroulé de la journée
Parfaire le déroulement de la cérémonie	Parfaire le déroulé de la cérémonie
Retracer le déroulement d'une carrière	Retracer le déroulé d'une carrière

DERRIÈRE

Derrière, qu'on l'emploie comme préposition ou comme adverbe, introduit une précision quant au lieu, jamais une indication d'ordre chronologique.

ON DIT

Nous écouterons ce candidat puis, ensuite, et après cela, la réponse de son adversaire

Et après le plat, à la suite du plat, prendrez-vous un dessert?

Je suis pressé de terminer, j'ai autre chose à faire ensuite, après, par la suite

Qu'arrivera-t-il ensuite, après cela?

ON NE DIT PAS

Nous écouterons ce candidat et, derrière, la réponse de son adversaire

Et derrière le plat, prendrez-vous un dessert?

Je suis pressé de terminer, j'ai autre chose à faire derrière

Qu'arrivera-t-il derrière?

DES FOIS

Aux adverbes de temps *parfois* et *quelquefois,* on ne doit pas substituer la locution adverbiale *des fois.* On ne doit pas non plus employer la locution conjonctive *des fois que* pour *au cas où.*

ON DIT	**ON NE DIT PAS**
Quelquefois, il reste des semaines sans venir nous voir	Des fois, il reste des semaines sans venir nous voir
Parfois il neige jusqu'en mai	Des fois, il neige jusqu'en mai
Au cas où il y aurait un problème, n'hésitez pas à me prévenir	Des fois qu'il y aurait un problème, n'hésitez pas à me prévenir

Rappelons que l'exclamation populaire *des fois* peut s'employer pour marquer avec véhémence son désaccord, son indignation : *Non, mais des fois !*

DÉVELOPPER AU LIEU DE METTRE AU POINT

Le verbe *développer* signifie d'abord « débarrasser de ce qui enveloppe », puis « faire croître », « donner de la force, de l'ampleur à quelque chose ». Il convient de ne pas lui donner, faute qui malheureusement tend à se répandre, le sens de « mettre au point ». En effet cette locution verbale s'emploie pour évoquer les réglages et les retouches qui permettront le bon fonctionnement d'un moteur, d'une machine et, plus généralement, d'un dispositif complexe. On dira ainsi qu'on *développe une idée*, c'est-à-dire qu'on lui donne de l'ampleur, alors qu'on *met au point un plan*, c'est-à-dire qu'on en règle les derniers détails. Si certains noms peuvent être compléments de ces deux formes, une argumentation par exemple peut être *développée* ou *mise au point,* on veillera à ne pas confondre ces dernières. On évitera également d'employer l'anglicisme *développer un cancer.*

ON DIT

Développer l'industrie aéronautique

Mettre au point un système de freinage

ON NE DIT PAS

Mettre au point l'industrie aéronautique

Développer un système de freinage

DIFFÉRENTIEL

Le goût pour une langue faussement technique et, par là, faussement moderne que nous avons évoqué plus haut peut aussi conduire à des contresens : la preuve avec l'usage incorrect qui est fait aujourd'hui du mot *différentiel.* Ce nom appartient au vocabulaire de l'automobile et désigne un dispositif permettant à la roue extérieure motrice d'un véhicule de tourner, dans un virage, plus vite que la roue intérieure. On trouve aussi, au féminin, dans la langue des mathématiques, une *différentielle,* ellipse de *quantité différentielle,* qui désigne un « accroissement infiniment petit d'une fonction lié à un accroissement infiniment petit de la variable ». C'est donc un grave contresens que de faire de *différentiel* un synonyme de *différence,* et l'on veillera à ne pas l'employer hors des domaines spécialisés auxquels il ressortit.

Il y a une légère différence d'âge
entre eux

La différence est exorbitante

Il y a un léger différentiel d'âge
entre eux

Le différentiel est exorbitant

DISPATCHER

On rencontre de plus en plus l'anglicisme *dispatcher* en lieu et place de
répartir. Il ne faut pas employer ce terme qui, de surcroît, n'est pas l'équivalent de l'anglais *to dispatch*. Ce dernier, en effet, ne signifie pas « répartir »,
mais « expédier », avec la nuance de hâte que l'on peut trouver dans ce
verbe français. Dans *We soon dispatched our dinner*, « Nous eûmes bientôt
expédié notre dîner », apparaît bien l'idée de vitesse, mais aucunement celle
de répartition. On utilisera donc, en fonction des circonstances *répartir,
ranger, classer, trier,* etc.

Répartir les élèves dans les
classes

Ranger les marchandises en
fonction des envois

Distribuer les tâches

Dispatcher les élèves dans les
classes

Dispatcher les marchandises en
fonction des envois

Dispatcher les tâches

DONT

Si les pronoms relatifs *de qui, duquel, de laquelle, de quoi* sont en général correctement employés, *dont*, de même sens, donne lieu à des erreurs. On oublie qu'il marque l'appartenance, la possession, et l'on rajoute à tort dans la proposition relative un adjectif ou un pronom se rapportant à l'antécédent.

ON DIT

L'homme dont on envie les succès, dont je connais les œuvres

Ce savant dont la réputation est grande

Le jardin dont on apprécie les ombrages

ON NE DIT PAS

L'homme dont on envie ses succès, dont je connais ses œuvres

Ce savant dont sa réputation est grande

Le jardin dont on apprécie ses ombrages, ou dont on en apprécie les ombrages

On dira de même *C'est cela dont il s'agit* (ou *C'est de cela qu'il s'agit*) et non *C'est de cela dont il s'agit*.

E

EN

L'emploi de la préposition *en* est étendu, de manière souvent abusive, à des constructions qui appellent la préposition *à*.

ON DIT

Un document disponible à la mairie (ou dans les mairies)

Passer à la caisse

Utiliser tel produit à la place d'un autre

ON NE DIT PAS

Un document disponible en mairie

Passer en caisse

Utiliser tel produit en place d'un autre

EN FAIT

La locution adverbiale *en fait* signifie « réellement », « vraiment » et « contrairement aux apparences » : c'est le sens qu'elle a dans des phrases comme « Il est en fait maître du pays » ou « La Confédération helvétique est en fait une fédération ». Un regrettable tic de langage se répand qui consiste à l'employer en lieu et place de la conjonction de coordination *mais*, voire à employer les deux à la fois. Il convient d'éviter cette confusion et de conserver à la locution *en fait* son sens plein.

ON DIT

Je suis passé le voir, mais il était absent

Il était là hier, mais il est déjà reparti

ON NE DIT PAS

Je suis passé le voir, en fait il était absent

Il était là hier, mais, en fait, il est déjà reparti

EN INTERNE, EN EXTERNE

Le recours systématique à l'ellipse conduit à abuser de certains adjectifs substantivés et crée de nouveaux jargons. Ainsi en va-t-il pour *interne* et *externe*.

Recrutement, formation en interne, évoluer en interne : on pourrait dire plus simplement *dans l'entreprise, au sein de l'entreprise. Cela a été diffusé en interne, nécessite une consultation en interne* pourrait recevoir la même traduction. Pour désigner les *bagarres* et les *batailles en interne*, on gagnerait à parler de *luttes* et de *querelles intestines*.

En interne s'entend bien sûr par opposition à *en externe*. Il faut ainsi *valoriser sa communication externe en interne*, mais aussi *faire reconnaître en externe les compétences acquises en interne.* L'emploi d'une langue juste rendrait peut-être la chose plus aisée.

« EN TANT QUE DE » OU « AUTANT QUE DE » (BESOIN, RAISON) ?

La tournure *en tant que de (besoin, raison)* est un archaïsme, mais elle est tout à fait correcte.

En tant que signifie « selon que », « autant que ». Par ailleurs, on disait autrefois qu'une chose était *de besoin* pour signifier qu'on en avait besoin : elliptiquement, la forme *en tant que* (cela est) *de besoin* signifie « dans la mesure où l'on en a besoin ». Par analogie, on dit aussi *en tant que de raison,* qui signifie « dans la mesure où cela est raisonnable ».

Autant que de (besoin, raison) est une forme déformée d'*en tant que de (besoin, raison),* qui est incorrecte.

EN TERMES DE / AU TERME DE

Dans le sens de « dans le vocabulaire », « dans le langage » de, *en termes de* est la seule forme correcte : *en termes de marine, de médecine, de jurisprudence,* etc.

En termes de au sens de « en matière de » est un anglicisme à proscrire. On emploiera donc les locutions *quant à, en matière de* ou *en ce qui concerne. Au terme de,* quant à lui, signifie « à la fin de » : *Au terme de l'année de première, les lycéens passent le baccalauréat de français.*

ENSEMBLE AVEC

Dire, ne pas dire comprend une rubrique intitulée « Néologismes et anglicismes » dans laquelle nous rappelons l'existence de formes françaises susceptibles de décrire la même réalité que ces emprunts fautifs qui abondent en français. Les germanismes, les italianismes, les hispanismes sont bien plus rares que les anglicismes mais ne sont pas inexistants. La locution prépositive *ensemble avec* est un exemple de germanisme qu'il convient d'éviter. Il s'agit de la traduction littérale d'une forme très courante et correcte en allemand *zusammen mit,* mais qui ne correspond pas au génie de la langue française, qui y voit une redondance fautive.

ON DIT

Il est venu avec son frère *ou* Son frère et lui sont venus ensemble

ON NE DIT PAS

Il est venu ensemble avec son frère

ENTRER / RENTRER

Le verbe *rentrer,* qui signifie proprement « entrer de nouveau », est trop souvent employé à la place d'*entrer.* Des phrases comme *Il rentre de l'air par la fenêtre, cela ne rentre pas dans ses attributions* sont des exemples où le verbe *rentrer* est mal employé, alors qu'il est bien employé dans des phrases comme *Il rentre de sa promenade, il rentre au lycée après les vacances,* etc.

ÉPONYME

L'adjectif *éponyme* est emprunté du grec *epônumos,* « qui donne son nom ». Il s'est d'abord employé en histoire ancienne, pour désigner des dieux ou des héros qui donnaient leur nom à une cité, à une tribu, à une dynastie, etc. Ainsi Athéna est la déesse éponyme d'Athènes, Égée est le héros éponyme de la mer Égée. Parmi les dix archontes, on appelait également *éponyme* celui qui donnait son nom à l'année en cours. Par extension, *éponyme* a qualifié des personnages de fiction qui ont donné leur nom à l'œuvre dans laquelle ils apparaissent. Lucien Leuwen est le héros éponyme d'un roman inachevé de Stendhal et Madame Bovary est l'héroïne éponyme du plus célèbre des romans de Flaubert. On se gardera bien de confondre le héros qui donne son nom et l'œuvre qui le reçoit. Ce n'est que le premier qui peut être qualifié d'éponyme.

ON DIT	ON NE DIT PAS
Phèdre est une héroïne éponyme de Racine	Phèdre, dans la pièce éponyme de Racine...
Aurélien est le héros éponyme d'un roman d'Aragon	Aurélien, le roman éponyme d'Aragon, a été écrit en 1944

ESPÈCE

Le mot *espèce* est féminin, et doit le rester lorsqu'il est suivi d'un complément (*espèce de...*), quel que soit le genre de ce complément. On dira *une espèce de camion* comme *une espèce de charrette, une espèce de voyou* comme *une espèce de canaille.*

Espèce et *sorte* s'emploient de la même façon. On dira *une sorte de tyran* comme *une sorte de couronne.* Il en va de même dans les tours plus anciens *une façon de* et *une manière de.* On dira *une façon de savant, une manière d'esprit fort.*

ÊTRE MOTEUR

Le nom *moteur* désigne ce qui donne le mouvement. Ce terme s'est d'abord employé dans les vocabulaires religieux et philosophique : chez Aristote, *premier moteur* désigne la cause, elle-même immobile, de tout mouvement. On peut, figurément, dire d'une personne qu'elle a été *le moteur d'une entreprise*, mais on évitera de faire de *moteur* un adjectif. On peut employer d'autres termes ou expressions comme *jouer un rôle déterminant, donner une impulsion, être à l'origine de...*

ON DIT	ON NE DIT PAS
Il a joué un rôle déterminant dans cette négociation	Il a été moteur de cette négociation.
Elle est à l'origine de ce projet *ou* elle a été le moteur de ce projet	Elle est moteur de ce projet
Il a eu un rôle décisif dans cette entreprise	Il a été moteur de cette entreprise

EX-

On abuse aujourd'hui de ce préfixe lorsqu'il s'agit d'évoquer ce qu'un être ou une chose n'est plus. On se prive, ce faisant, des nuances qu'apporte l'adjectif.

On dira avec plus de précision *son premier,* ou *son second,* ou *son ancien mari* que *son ex-mari, l'ancien otage* que *l'ex-otage, l'ancien champion, le précédent directeur* que *l'ex-champion, l'ex-directeur, l'ancienne reine de beauté* que *l'ex-reine de beauté,* etc.

Tout étant sujet à changer, la particule *ex-* peut, si l'on n'y prend garde, gagner encore, faisant de l'adulte *un ex-jeune,* du convalescent *un ex-malade,* etc.

EXPERTISE / EXPÉRIENCE

Le nom *expertise* désigne, par exemple dans le domaine judiciaire, l'examen fait par un expert de telle ou telle situation, de tel ou tel cas. Il ne doit pas être employé avec le sens d'*expérience,* qu'il n'a plus depuis la fin du Moyen Âge. Il ne doit pas non plus remplacer des termes comme *compétence* ou *savoir-faire.*

ON DIT

L'expérience acquise

Faire preuve de compétence

Fort de son savoir-faire

ON NE DIT PAS

L'expertise acquise

Faire preuve d'expertise

Fort de son expertise

EXPLOSER

Exploser est un verbe intransitif. *L'obus, la grenade explosent. On fait explorer un engin.* Au sens figuré, on dit : *Sa colère explose ; Il ne pouvait plus se contenir, il explosa ; Les prix explosent.*

La construction transitive est fautive, et se répand d'autant plus que l'on emploie *exploser* dans divers sens figurés très différents, à la place du verbe juste.

ON DIT	ON NE DIT PAS
Détériorer, abîmer, rendre inutilisable un moteur, une voiture	Exploser un moteur, une voiture
Il cassa, enfonça la porte d'un coup de pied	Il explosa la porte d'un coup de pied
Battre largement, surpasser, *ou même* pulvériser un record	Exploser un record
L'emporter sur un candidat	Exploser un candidat

F

FAIRE

Dans nombre de locutions verbales enregistrées par l'usage, *faire* est directement suivi d'un substantif, comme dans *faire peur, faire plaisir. Faire signe, faire face, faire bon accueil.*

Sur ce modèle on tend, par facilité, à créer des expressions où cette construction ne se justifie pas.

ON DIT

Avoir, prendre du sens

Poser, créer, constituer un problème

ON NE DIT PAS

Faire sens

Faire problème

FAIRE CONFIANCE EN

La locution *faire confiance à,* apparue à la fin du XIXᵉ siècle dans le domaine du droit et longtemps ignorée ou condamnée par les dictionnaires et les grammaires, est maintenant tout à fait entrée dans l'usage. Son sens diffère quelque peu de celui d'une autre locution, *avoir confiance en*. Cette dernière exprime plutôt un sentiment intime à l'égard d'une personne, alors que *faire confiance à* s'emploiera dans des circonstances déterminées où la raison montre clairement que l'on peut se fier à l'habileté ou à l'honnêteté d'une personne pour régler tel ou tel problème. *J'ai confiance en Pierre* mais *Je fais confiance à Pierre pour résoudre ce conflit*. On se gardera bien d'échanger les prépositions dans ces locutions.

ON DIT

Je fais confiance à Paul

J'ai confiance en lui

ON NE DIT PAS

Je fais confiance en Paul

J'ai confiance à lui

FÉMINISATION (DES NOMS DE MÉTIER, DE TITRES, ETC.)

En 1984, le gouvernement a institué une commission « chargée d'étudier la féminisation des titres et des fonctions et, d'une manière générale, le vocabulaire concernant les activités des femmes ». Dans une circulaire datée du 11 mars 1986, le Premier ministre, M. Laurent Fabius, conseille l'application des règles de féminisation recommandées par cette commission. L'Académie française, qui n'a pas été associée aux travaux de cette commission, n'approuve pas les conclusions que celle-ci a rendues. Dès le 14 juin 1984, elle publie une déclaration, préparée par MM. Georges Dumézil et Claude Lévi-Strauss, qui fait part de ses réserves et met en garde contre une féminisation autoritaire et abusive.

En 1998, le Premier ministre, M. Lionel Jospin, a demandé à la Commission générale de terminologie et de néologie de rédiger un rapport qui évaluerait les besoins en matière de féminisation des titres et des noms de métier, et qui envisagerait les champs d'action et les limites juridiques en la matière. Parallèlement, l'Institut national de la langue française (INALF), dirigé par M. Bernard Cerquiglini, était chargé d'étudier les possibilités morphologiques offertes par la langue pour procéder à cette féminisation et les problèmes que celle-ci soulevait d'un point de vue linguistique. Le rapport remis par la Commission générale, sans déconseiller formellement le principe de la féminisation, en particulier pour les noms de métier dont le féminin découle de l'usage même, souhaitait que fût préservée la neutralité liée aux titres, aux grades et aux fonctions et montrait les limites d'une féminisation arbitraire et systématique. En dépit de ces recommandations, un inventaire de formes féminisées établi par l'INALF et publié par la Documentation française fut mis à la disposition des administrations.

Le 21 mars 2002, l'Académie française publie une nouvelle déclaration pour rappeler sa position à ce sujet et, en particulier, le contresens linguistique sur lequel repose l'entreprise d'une féminisation systématique. Si, en effet, le français connaît deux genres, appelés *masculin* et *féminin,* il serait plus juste de les nommer *genre marqué* et *genre non marqué.* Seul le genre masculin, non marqué, peut représenter aussi bien les éléments masculins que féminins. En effet, le genre féminin ou marqué est privatif: un « groupe d'étudiantes » ne pourra contenir d'élèves de sexe masculin, tandis qu'un

« groupe d'étudiants » pourra contenir des élèves des deux sexes, indifféremment. On se gardera également de dire *les électeurs et les électrices, les informaticiennes et les informaticiens,* expressions qui sont non seulement lourdes mais aussi redondantes, *les informaticiennes* étant comprises dans *les informaticiens.* De la même manière, l'usage du symbole « / » ou des parenthèses pour indiquer les formes masculine et féminine (*Les électeurs/ électrices du boulevard Voltaire sont appelé(e)s à voter dans le bureau 14*) doit être proscrit dans la mesure où il contrevient à la règle traditionnelle de l'accord au pluriel. C'est donc le féminin qui est le genre de la discrimination, et non, comme on peut parfois l'entendre, le genre masculin. L'Académie française ne s'oppose pas au principe de la féminisation en tant que tel : ainsi la huitième édition de son *Dictionnaire* avait-elle donné place à de nombreuses formes féminines correspondant à des noms de métier. Mais elle l'avait fait avec prudence et dans le respect de la morphologie de la langue. Or, si certains noms de métier possèdent une forme féminine bien ancrée dans l'usage et correctement formée, comme c'est le cas pour *institutrice, laborantine, écuyère* ou *chercheuse,* certaines formes imposées par la circulaire sur la féminisation, parfois contre le vœu des intéressées, sont contraires aux règles ordinaires de dérivation. Les termes *chercheure, professeure, auteure,* par exemple, ne sont aucunement justifiés linguistiquement car les masculins en *-eur* font, en français, leur féminin en *-euse* ou en *-trice* (les rares exceptions comme *prieure* ou *supérieure* proviennent de comparatifs latins dont les formes féminines et masculines sont semblables). En revanche, en ce qui concerne les titres, les grades et les fonctions, au nom de la neutralité institutionnelle et juridique qui leur est attachée, l'Académie française recommande d'éviter, dans tous les cas non consacrés par l'usage, les termes du genre dit « féminin » et de préférer les dénominations de genre non marqué.

Une féminisation autoritaire et systématique pourrait aboutir à de nombreuses incohérences linguistiques. Brusquer et forcer l'usage reviendrait à porter atteinte au génie de la langue française et à ouvrir une période d'incertitude linguistique. C'est ce que l'Académie française a toujours voulu éviter et c'est pourquoi, au nom de l'usage, elle se réserve la possibilité d'enregistrer de nouveaux termes pourvu qu'ils soient bien formés et que leur emploi se soit imposé.

FINALISER

L'emploi du verbe *finaliser* doit être réservé au domaine des sciences humaines et n'a pas à entrer dans le discours politique ; en philosophie et en théologie il signifie « assigner un but à quelque chose ». On lit ainsi chez Jacques Maritain : *« Le bien politique est un bien digne en soi de finaliser l'action humaine. »* On évitera d'ajouter à ce sens celui qu'a l'anglais *to finalize,* « achever », « conclure », « terminer ».

ON DIT	ON NE DIT PAS
Mettre la dernière main à son travail	Finaliser son travail
Conclure des négociations	Finaliser des négociations

FLYER

Cet anglicisme pourrait facilement être remplacé par « tract » ou « prospectus », mais on pourrait aussi lui préférer, pour services rendus à la démocratie, le terme de « feuille volante ». Évoquons pour cela un point d'histoire trop souvent méconnu. Les philhellènes, qui, au début du XIXᵉ siècle, s'employaient à aider les Grecs dans leur combat pour l'indépendance contre la puissance ottomane, agissaient de diverses manières : lord Byron alla combattre et mourir en Grèce avec une poignée d'hommes que l'on peut considérer comme les ancêtres des Brigades internationales ; d'autres les soutinrent par leurs écrits, parmi lesquels Hugo, Chateaubriand, Lamartine.

Firmin Didot, lui, fit venir à Paris des Grecs qu'il forma au métier d'imprimeur et arma de petits navires, appelés *gaozes*, à bord desquels était caché le matériel d'imprimerie qu'il leur avait fourni. Comme ces bateaux faisaient constamment du cabotage, il était plus difficile à la police turque de les repérer, d'arrêter les imprimeurs et de détruire les machines. De port en port on distribuait les tracts imprimés au large et, en hommage à Firmin Didot, ces imprimeurs clandestins leur donnèrent le nom français de « feuilles volantes ». Notre langue est redevable à la Grèce d'une grande partie de son vocabulaire et en particulier du mot *démocratie*. Il serait regrettable que nous n'utilisions plus l'expression qu'elle nous avait empruntée quand il s'était agi de lutter pour son indépendance.

FRIENDLY

Voici un autre cas mêlant un anglicisme et l'usage abusif de la construction appositive : les locutions bâties sur le modèle de *gay friendly*, expression employée pour caractériser les bars, cafés, etc. qui accueillent sans aucune discrimination les personnes homosexuelles ou qui en font leur clientèle privilégiée. On rencontre aujourd'hui, parmi beaucoup d'autres, les formes *hétéro friendly*, *family friendly*, *child friendly*, etc. Il existe de nombreux équivalents français pour remplacer ces tournures. On pourrait penser à l'adjectif *sympathisant* déjà utilisé par La Fontaine au sujet du chat dans la fable intitulée *Le Cochet, le Chat et le Souriceau* :

> *Je le crois fort sympathisant*
> *Avec Messieurs les Rats ; car il a les oreilles*
> *En figure aux nôtres pareilles.*

Mais il existe aussi d'autres termes de sens équivalent comme *accueillant, amical, respectueux,* etc. Ne serait-il pas préférable de les utiliser ?

ON DIT

Qui accueille volontiers les enfants

Ouvert aux conjoints

Respectueux de l'environnement

ON NE DIT PAS

Child friendly

Conjoint friendly

Éco-friendly

FUITER

Raymond Queneau avait fait de *fuiter*, dans son ouvrage *Loin de Rueil*, une variante plaisante du verbe *fuir*. Mais depuis quelques années, ce verbe a pris un nouveau sens et signifie, s'agissant d'un document secret ou d'une information confidentielle, « être diffusé illicitement ». On peut noter l'habileté grammaticale du procédé qui consiste à placer ces informations en position de sujet pour leur conférer une forme d'autonomie et rejeter ainsi dans l'ombre le responsable des fuites, mais on veillera, cela étant, à user de tours plus appropriés, bâtis à partir de verbes ou de locutions verbales comme *divulguer, diffuser, rendre public,* etc.

ON DIT

Des informations confidentielles ont été divulguées

Des éléments du rapport ont été irrégulièrement rendus publics

ON NE DIT PAS

Des informations confidentielles ont fuité

Des éléments du rapport ont fuité

FUNÉRAIRE, FUNESTE ET FUNÈBRE

Même si les adjectifs *funéraire* et *funeste* ont tous deux pour racine le même mot latin *funus*, « funérailles », ils ne sont ni synonymes, ni interchangeables. *Funéraire* signifie « qui se rapporte aux funérailles » et

« qui a rapport à la mort, à la dépouille, à la mémoire d'une personne »,
alors que *funeste* signifie « qui cause la mort » et « qui annonce la mort,
le malheur ». On distinguera aussi ces adjectifs de *funèbre,* dont les sens
sont voisins de *funéraire,* mais qui s'applique à des noms plus abstraits :
une oraison funèbre, une veillée funèbre. Signalons enfin que *funéraire*
et *funèbre,* contrairement à *funeste,* ne peuvent ni varier en degré, ni
être antéposés.

ON DIT	**ON NE DIT PAS**
Une urne funéraire, un drap funéraire	Une urne funeste, un drap funeste
Une pierre funéraire	Une pierre funeste
Un jour funeste	Un jour funéraire
De funestes pressentiments	De funéraires pressentiments
Une veillée funèbre	Une veillée funéraire

G

GÉNIAL

Naguère cet adjectif était naturellement et étymologiquement réservé à ce qui touchait au génie. Il s'est peu à peu affaibli dans l'usage familier pour devenir le synonyme de « remarquable », « très bon » : *une copie géniale, un professeur génial,* etc. Mais *génial* a depuis peu perdu son statut d'adjectif et semble être désormais un adverbe exclamatif dont on use et abuse à l'annonce de quelque information agréable. Ne serait-il pas possible d'éviter ce *génial* passe-partout et de varier les expressions en usant de formes comme *tant mieux, c'est une bonne nouvelle, quelle chance,* etc. ?

ON DIT

– Rémy a réparé la cafetière
– Tant mieux !

– J'apporterai du fromage
– Quelle bonne idée !

Quelle chance ! la pluie a cessé

ON NE DIT PAS

– Rémy a réparé la cafetière
– Génial !

– J'apporterai du fromage
– Génial !

Génial ! la pluie a cessé

GENRE

Genre s'entend souvent employé à la manière d'un adverbe, comme il en est allé de *style* qu'il supplante aujourd'hui dans cet usage relâché.

Que signifie *genre* dans de telles phrases ? Il introduit une comparaison approximative, situe dans une catégorie, module ou atténue un propos en servant en quelque sorte de précaution oratoire. Ainsi *Il est plutôt genre sérieux* est un raccourci de *Il est plutôt du genre, du style, du type sérieux* ; *Je l'ai croisé genre 14 heures* ou *Il était genre 14 heures quand je l'ai croisé*, un raccourci de *Je l'ai croisé vers 14 heures* ; *Il était environ 14 heures quand je l'ai croisé*. *Un tissu genre velours* est *Un tissu qui ressemble au velours, proche du velours. Il m'a répondu genre j'en sais rien*, phrase d'où toute syntaxe a disparu, pourrait se dire *Il m'a répondu à peu près, approximativement, en gros qu'il n'en savait rien*.

Enfin, en tête de phrase, *genre* peut n'avoir qu'une valeur exclamative, en quelque sorte rhétorique : *Genre, tu le connais vraiment ? Genre, c'est pas vrai ! Genre* est alors l'équivalent de *Pas possible ! Sans blague, Blague à part* et de sa forme populaire *Blague dans le coin*.

GÉRER

Gérer signifie « administrer, veiller à la bonne marche de ce que l'on possède ou qui vous est confié ». *On gère des biens, un établissement, un domaine* et, par extension, *un budget, des affaires.*

Employer le verbe *gérer* lorsqu'on évoque des faits de la vie personnelle, des émotions. des sentiments, c'est étendre abusivement un terme qu'il faut réserver à ce qui est matériel.

ON DIT

Affronter un divorce

Faire face à un échec

Vivre avec ses doutes

S'occuper de ses enfants

ON NE DIT PAS

Gérer un divorce

Gérer un échec

Gérer ses doutes

Gérer ses enfants

GRÉ (SAVOIR)

L'expression par laquelle on exprime sa reconnaissance est *savoir gré* (à quelqu'un) *de* (ou, plus rarement, *pour*) quelque chose, non *être gré*. On écrit donc *Je vous saurais gré*, non *Je vous serais gré*.

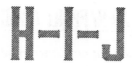

LE HARICOT OU L'HARICOT ?

Le *h* de *haricot* est « aspiré », c'est-à-dire qu'il interdit la liaison, impose que ce mot soit prononcé disjoint de celui qui le précède, au singulier comme au pluriel. On écrit et dit : *le haricot*, non *l'haricot* ; *un beau haricot*, non *un bel haricot*. Tous les dictionnaires indiquent par un signe conventionnel quels *h* (généralement d'origine germanique) sont aspirés et quels *h* (généralement d'origine gréco-latine) ne le sont pas. Pour certains mots, l'usage est indécis. Ce n'est pas le cas de *haricot* : la liaison est incontestablement une faute.

La rumeur selon laquelle il serait aujourd'hui d'usage et admis que l'on fasse cette liaison a été colportée par un journal largement diffusé dans les établissements scolaires, *L'Actu* (n° 8 du jeudi 3 septembre 1998, p. 7), qui n'a pas jugé bon de publier de rectificatif.

IL EST PLUS GRAND PAR RAPPORT À MOI

La locution prépositive *par rapport à* introduit, dans une comparaison, l'élément pris comme étalon. Elle indique que le sujet que l'on examine possède une qualité à un degré plus élevé que ce qui sert de référence. *Il est grand par rapport à moi* signifie littéralement « Il est grand si on le compare à moi », c'est-à-dire « Il est plus grand que moi ». Aussi ne doit-on pas dire *Il est plus grand par rapport à moi,* qui mêle deux systèmes de comparaison syntaxiquement différents.

ON DIT

Il est petit par rapport à son frère

Elle est plus jeune que sa sœur

ON NE DIT PAS

Il est plus petit par rapport à son frère

Elle est plus jeune par rapport à sa sœur

IMPACTER

Le substantif *impact,* désignant le choc d'un projectile contre un corps, ou la trace, le trou qu'il laisse, ne peut s'employer figurément que pour évoquer un effet d'une grande violence. On ne saurait en faire un simple équivalent de « conséquence », « résultat » ou « influence ».

C'est à tort qu'on a, en s'inspirant de l'anglais, créé la forme verbale *impacter* pour dire « avoir des conséquences, des effets, de l'influence sur quelque chose ».

La crise affecte l'activité économique, a des conséquences sur l'activité économique, modifie la rentabilité, touche l'opinion.

La crise impacte l'activité économique, impacte la rentabilité, impacte l'opinion.

IMPROBABLE

L'adjectif *improbable* nous vient du latin *probare,* « trouver bon », « approuver », puis « démontrer », « prouver », lui-même dérivé de *probus,* proprement « qui pousse droit », d'où « bon », « honnête ». *Improbable* signifie « qui manque de vraisemblance », « qui a peu de chances de se produire » ou, dans une langue plus littéraire, « qui a peu de chances d'exister ». Ce dernier sens se trouve, par exemple, chez Michelet qui, dans son *Journal,* parle de *ville improbable* ou chez Simenon qui, dans *Les Vacances de Maigret,* évoque des *adresses improbables.* Ne faisons pas ce mot un adjectif passe-partout, un tic de langage, qui serait utilisé systématiquement en lieu et place d'autres adjectifs comme *étonnant, surprenant, imprévu.* Les mots meurent de n'être pas employés, mais, s'ils le sont à mauvais escient, ils perdent saveur et vigueur.

ON DIT

Un personnage hors du commun

Un dénouement inattendu

ON NE DIT PAS

Un personnage improbable

Un dénouement improbable

INAPTE ET INEPTE

Les adjectifs *inapte* et *inepte* sont proches par la forme et par l'étymologie. *Inapte* est dérivé d'*apte,* qui est lui-même emprunté du latin *aptus,* « approprié », « fait pour », alors qu'*inepte* est directement emprunté du latin *ineptus,* « qui n'est pas approprié », « déplacé ». Si autrefois *inepte* a pu signifier « qui n'a pas d'aptitude », ce sens tend aujourd'hui à s'estomper et cet adjectif signifie maintenant, pour une personne, « qui fait preuve de sottise » et, pour une chose ou un propos, « absurde ». On évitera donc d'employer ces adjectifs l'un pour l'autre, en se souvenant qu'*inapte* se rattache à *inaptitude* et veut le plus souvent un complément, alors qu'*inepte* se rattache à *ineptie* et se construit généralement absolument.

ON DIT	ON NE DIT PAS
Il est inapte à exercer ces fonctions	Il est inepte à exercer ces fonctions
Tous ses propos sont ineptes	Tous ses propos sont inaptes

INFORMER UNE DÉCISION

Le verbe *informer* est polysémique. On l'emploie avec un sens très précis en philosophie : *L'âme informe le corps,* c'est-à-dire qu'elle lui donne une forme déterminée. En droit, il se construit intransitivement et signifie « conduire une instruction en matière pénale » : le juge d'instruction est *tenu d'informer.* Mais son sens le plus fréquent est celui de « mettre au courant quelqu'un de tel ou tel fait ». Dans ce dernier cas, le complément d'objet direct du verbe est une personne. On évitera de construire ce verbe avec un complément d'objet direct inanimé en lui donnant le sens de « motiver », « justifier », « argumenter » qu'a parfois l'anglais *to inform,* et l'on préférera user de l'un de ces verbes ou de périphrases contenant les noms *information* ou *explication.*

ON DIT	ON NE DIT PAS
Motiver une décision	Informer une décision
Donner des informations justifiant un choix, expliquer un choix	Informer un choix

INTÉRIM ET INTÉRIMAIRE
POUR REMPLACEMENT ET REMPLAÇANT

L'usage contemporain tend à confondre les termes *remplaçant* et *intérimaire, remplacement* et *intérim*. Il arrive que ces termes soient synonymes. Le remplaçant peut être une personne qui occupe un poste pendant une vacance, c'est alors un intérimaire, mais le remplaçant peut aussi être une personne qui devient le nouveau titulaire d'un poste. On pourra dire « Avant de prendre sa retraite, il a choisi son remplaçant », et non « il a choisi son intérimaire ». On veillera donc bien, avant d'opter pour l'un ou l'autre de ces termes, à savoir s'il s'agit d'une succession durable ou d'une situation par essence temporaire.

ON DIT	ON NE DIT PAS
Le président du Sénat assure l'intérim du président de la République	Le président du Sénat assure le remplacement du président la République
Un ministre intérimaire	Un ministre remplaçant
Pourvoir au remplacement d'un employé démissionnaire	Pourvoir à l'intérim d'un employé démissionnaire

INTERROGATIVE INDIRECTE AVEC INVERSION DU SUJET

L'interrogative indirecte diffère principalement de l'interrogative directe en deux points : elle ne comporte ni point d'interrogation, ni inversion du sujet et du verbe. Si, à l'oral, les fautes sont très peu nombreuses quand l'interrogative indirecte est introduite par *si* (*Dites-moi si vous êtes satisfait* ; *Je lui ai demandé s'il était malade*), on constate malheureusement que l'inversion du sujet et du verbe, caractéristique de l'interrogation directe, est fréquemment maintenue quand la question est introduite par un adverbe interrogatif comme *quand, où, comment, pourquoi*, etc., car ces termes, à la différence de *si*, sont employés à la fois dans l'interrogative directe et dans l'interrogative indirecte.

ON DIT

Expliquez-nous comment vous faites

Je ne sais pas pourquoi il part

Dites-nous quand vous reviendrez

ON NE DIT PAS

Expliquez-nous comment faites-vous

Je ne sais pas pourquoi part-il

Dites-nous quand reviendrez-vous

INTRODUIRE AU SENS DE PRÉSENTER

Le verbe *introduire,* quand il a pour complément un nom de personne, peut signifier « faire entrer une personne dans un lieu » (*On les introduisit au salon*), « faire admettre dans une société, auprès de quelqu'un » (*Il souhaite que je l'introduise auprès de vous, dans notre cercle*). On dira d'une personne qui a ses entrées dans tel ou tel milieu qu'*elle y est bien introduite*. Mais on évitera d'ajouter à ces sens celui du faux-ami anglais *to introduce*, « présenter », même si celui-ci, comme le français *introduire,* est emprunté du latin *introducere,* « conduire dans ».

Elle l'a présenté à ses parents

Elle l'a introduit à ses parents

-ISSIME (SUPERLATIF EN)

La formation de termes à valeur superlative à l'aide du suffixe *–issime,* emprunté à l'italien et, à travers lui, au latin, est à la mode.
Si *bellissime, richissime, élégantissime* sonnent comme de plaisants italianismes, le procédé marque une inutile emphase lorsqu'on applique ce suffixe à des termes dont le sens, très fort, n'appelle pas de superlatif.

Ainsi *génialissime, sublissime* (ou *sublimissime*), *urgentissime* sonnent tout simplement « ridiculissime ».

J'AI ÉTÉ, ÇA A ÉTÉ

Le verbe *être* est trop souvent employé à la place du verbe *aller*, qui doit toujours lui être préféré dans le sens de « se rendre (à) », « rendre visite (à) », de « convenir », ou de « se porter », « se comporter », « se conduire ».
La confusion entre les deux verbes se produit presque toujours aux temps composés : *Il a été à Paris* pour *Il est allé à Paris* ; *Nous avions été chez eux* pour *Nous étions allés chez eux* ; *Ce rôle lui aurait bien été* au lieu de *Ce rôle lui serait bien allé* ; *Comment ça a été ?* au lieu de *Comment est-ce allé ? Cela est-il bien allé ?* C'est ainsi que, au restaurant, les garçons demandent *Alors, ça a été ?* et non *Cela vous a-t-il plu ? Êtes-vous satisfait ?* Mais cette même confusion se retrouve parfois aux temps simples, dans des phrases comme *Il est mieux* pour *Il va mieux* ou *Il se porte mieux*, *L'intervention était sur sa fin* pour *L'intervention allait sur sa fin, tirait à sa fin*, etc.

JOUER UN DISQUE

Le verbe *jouer* est très employé dans le vocabulaire de la musique. On le trouve d'abord avec un nom d'instrument comme complément : *jouer du piano, de la clarinette*. On trouve ensuite le nom du morceau qui est joué : *jouer un prélude, une sonate*. Enfin, *jouer* peut aussi avoir comme complément un nom de musicien, précédé ou non d'un article partitif : *jouer du Bach* ou *jouer Bach*. Dans ces derniers cas, le sujet du verbe peut aussi, par extension, désigner le support qui reproduit de la musique enregistrée, mais faire de ce support le complément d'objet direct de *jouer* est une faute que l'on doit éviter.

ON DIT

Mettre un disque

Un disque qui joue une valse, qui joue Mozart

ON NE DIT PAS

Jouer un disque

Jouer un disque de valse, de Mozart

L

LA DINDE, IL L'A FAIT CUIRE ;
LES OISEAUX, IL LES A FAIT FUIR

Quand le participe passé du verbe *faire*, construit avec l'auxiliaire *avoir*, est suivi d'un infinitif, il reste toujours invariable : la présence d'un complément d'objet direct antéposé dans la phrase n'implique pas l'accord, car ce complément est celui de l'infinitif et non du participe passé *fait*. Ainsi dans la phrase *La maison qu'il a fait bâtir*, le pronom relatif *qu'*, qui reprend *maison*, est COD de *bâtir*. On peut aussi rencontrer des constructions sans COD dans lesquelles le pronom de rappel est sujet de l'infinitif et n'a donc pas d'influence sur l'accord : c'est le cas dans *les fleurs qu'il a fait pousser*, où le pronom *qu'*, qui reprend *fleurs*, est sujet de *pousser*.

ON DIT	ON NE DIT PAS
La dinde, il l'a fait cuire	La dinde, il l'a faite cuire
Les personnalités qu'il a fait venir	Les personnalités qu'il a faites venir

Rappelons que les *Rectifications de l'orthographe*, parues au *Journal officiel* du 6 décembre 1990, invitent à traiter de la même manière le participe du verbe *laisser* devant un infinitif, l'accord de ce participe passé étant délicat et n'ayant jamais fait l'unanimité entre grammairiens. On pourra donc écrire *Il nous a laissés partir* comme *Il nous a laissé partir*.

LIAISONS

En français, la liaison peut apparaître entre un mot qui se termine par une consonne et un mot qui commence par une voyelle ou un *h* non aspiré (voir aussi l'article « Le haricot »), si ces deux mots ne sont séparés par aucune ponctuation ni par aucune pause orale. Selon les cas, elle est obligatoire, facultative ou interdite. Les noms propres sont également soumis à la liaison. La liaison est obligatoire :

- entre le déterminant et le nom : *des(z)amis, tout(t) homme* ;
- entre l'adjectif antéposé et le nom : *un(n)ancien(n)usage* ; ainsi on dira *un savant(t)aveugle* si *aveugle* est un nom, mais *un savant aveugle* si *savant* est le nom ;
- entre le pronom (sujet ou objet) et le verbe : *ils(z)aiment, on(n)aime, ils vous(z)aiment, ils(z)y vont, courons(z)-y, donnez(z)-en* ;
- entre *est* et le mot qui suit, dans des formes impersonnelles ou dans la forme présentative : *il est(t)évident qu'il viendra* ; *c'est(t)à voir* ;
- entre l'adverbe et le mot unis étroitement : *trop(p)étroit* ; *bien(n)aise* ;
- entre la plupart des prépositions monosyllabiques et le mot qui suit : *dans(z)une heure* ;

- dans la plupart des mots composés et locutions: *un pot(t)-au-feu, mot(t) à mot, de temps(z)en temps.*

Elle ne se pratique pas:

- après la conjonction *et*: *un fils et une fille*;
- après la consonne finale d'un nom au singulier: *un temps idéal, un nez épaté*;
- après le *s* intérieur dans les locutions nominales au pluriel: *des moulins à vent*;
- après la finale *-es* de la 2ᵉ personne du singulier de l'indicatif présent et du subjonctif présent: *Tu portes un habit vert*; *Il faut que tu lui écrives un poème.* On fera en revanche la liaison lors de la lecture de vers;
- après les mots terminés en *-rt* en *-rs*, sauf s'ils sont suivis de *il, elle, on* ou s'il s'agit du *t* de l'adverbe *fort* ou du *s* de *toujours*: *de part en part, Tu pars à huit heures* (mais: *Quand dort-(t)on? Quand sort-(t)elle?*);
- devant *un, oui, onze* et les mots étrangers commençant par *y*: *des oui*;
- devant les noms de lettres de l'alphabet: *des i, des a.*

Dans le reste des cas, on peut choisir de faire ou non la liaison mais celle-ci est plutôt la marque d'un langage soutenu.

On distingue par ailleurs deux types de fautes de liaison:

- le *cuir* qui consiste à faire une liaison en *t* à la place d'une liaison en *z*, et plus généralement à effectuer à mauvais escient une liaison en *t*: *Il s'est mis(t)au travail*; *J'ai cru(t)apercevoir un écureuil*;
- le *velours* qui consiste à faire une liaison en *z* à la place d'une liaison en *t,* et plus généralement à effectuer à mauvais escient une liaison en *z*: *vingt(z)euros*; *les dix-huit(z)ouvrages*; *Il est venu aujourd'hui(z)encore*;

Ces deux types de liaisons fautives sont aussi appelés des *pataquès*. Par extension, on désigne par *pataquès, cuir* ou *velours* toute liaison fautive, quelle qu'elle soit.

LISIBLE, LISIBILITÉ

L'adjectif *lisible* signifie « aisé à lire, à déchiffrer » et « bien conçu », « bien rédigé ». Par extension, il peut aussi signifier « facile à déceler » ; on dit ainsi : *La tristesse était lisible sur son visage. Lisibilité,* qui en est dérivé, a des extensions de sens parallèles. Mais on ne doit pas étendre ces sens jusqu'à des réalités abstraites, pour lesquelles on préférera des formes comme *évident, clair,* ou les noms qui en sont tirés.

ON DIT	ON NE DIT PAS
Un programme qui manque de clarté	Un programme qui manque de lisibilité
Une politique qui n'est pas intelligible	Une politique qui n'est pas lisible

LOIN S'EN FAUT

Les expressions *loin de là* et *tant s'en faut* ou *il s'en faut* sont confondues dans la construction fautive *loin s'en faut*.

Pour repousser une allégation, on s'écriera *Loin de là ! Loin de moi une telle idée !*

Pour souligner un écart, une différence en nombre, en quantité, on utilisera *tant s'en faut, il s'en faut* (sous-entendu *de beaucoup*). *Nous ne sommes pas assez nombreux, tant s'en faut ; Je n'ai pas réuni cette somme, il s'en faut.*

LOOK, TOUCH

Ces termes ont connu une grande fortune, tant il semble important aux yeux de certains de se donner un air de modernité en empruntant à l'anglais mots et expressions à la mode. Force est pourtant de constater que le français a, pour désigner l'apparence de tel ou tel, une riche palette. On pourra, en fonction des circonstances, parler d'*air*, d'*allure*, d'*aspect*, de *dehors*, d'*expression*, d'*extérieur* ou, pour parler plus familièrement, de *gueule*, de *dégaine*, de *touche*. On profitera de ce dernier mot pour rappeler que c'est de lui qu'est tiré l'anglais *touch* et l'on puisera dans notre vocabulaire pour remplacer ces deux anglicismes qui – preuve que la mode linguistique, comme la mode vestimentaire, est par essence éphémère – sont d'ailleurs aujourd'hui moins usités qu'il y a quelques années.

ON DIT	ON NE DIT PAS
Il a un air, il a une touche!	Il a une touch!
Soigner son allure, son apparence	Soigner son look

M

MALGRÉ QUE

Malgré que s'emploie bien dans la langue soutenue, mais seulement avec le verbe *avoir* conjugué au subjonctif. *Malgré que j'en aie*, quelque mauvais gré, si mauvais gré que j'en aie ; en dépit de moi, de ma volonté : *Je reconnais les mérites de mon rival, malgré que j'en aie* ; *Malgré qu'il en ait, nous savons son secret* ; *Elle ne put cacher son dépit, malgré qu'elle en eût.* En revanche, encore que de nombreux écrivains aient utilisé la locution conjonctive *malgré que* dans le sens de *bien que, quoique*, il est recommandé d'éviter cet emploi.

MASTER / MAGISTÈRE

En 1999, l'Académie française a proposé le mot *magistère* pour désigner un diplôme universitaire qui complète des études du premier ou du second cycle, et sanctionne au minimum trois années de formation professionnelle associant enseignement et stages. Le terme fut aussi créé pour donner un équivalent à l'anglais *master,* de même sens (*master of arts, master of economy*) ; il entra dans tous les dictionnaires.

Par ailleurs, toujours en 1999, l'harmonisation des études et des diplômes au sein de l'Union européenne étant envisagée et ayant rendu souhaitable la création d'un terme pour désigner le grade intermédiaire entre la licence et le doctorat, la forme française « mastaire » a été créée, parfois aussi orthographiée « mastère », à distinguer du *magistère.*

Aujourd'hui, force est de constater qu'en France, ainsi que, par exemple, en Belgique, en Tunisie ou en Algérie, l'usage, pour désigner ce grade, a imposé *master,* en particulier dans le cadre de la réforme universitaire « licence-master-doctorat ».

Cependant, les dictionnaires continuent de proposer concurremment les termes *magistère, mastaire* et *mastère,* avec parfois des nuances de sens, et entérinent *master* dans l'acception mentionnée ci-dessus.

L'Académie française, qui suit attentivement l'évolution de l'usage en la matière, recommande d'utiliser *magistère* chaque fois que cela est possible et se réserve le droit, en fonction des évolutions enregistrées, de réexaminer le terme *master* et la graphie qu'il convient de lui donner.

MATURER

On peut lire dans un document datant de 1874 intitulé *Réponses aux questions de l'enquête sur le monopole des tabacs et des poudres* : « *Les manutentions dans les magasins ont pour but de faire disparaître les excédents*

d'eau, d'uniformiser l'aspect des feuilles et de les maturer, tout en maintenant la résistance pour leur emploi ultérieur dans les manufactures. »
On veillera que le verbe *maturer* ne sorte pas des magasins de tabac où il a pris naissance et l'on évitera d'en faire, sans doute à cause de l'influence de l'anglais *to mature,* un synonyme de *mûrir, croître, se développer,* etc.

ON DIT	**ON NE DIT PAS**
Laisser mûrir un projet	Laisser maturer un projet
Une affaire qui se développe bien	Une affaire qui mature bien

MÉTÉO POUR TEMPS

L'abréviation familière *météo* est bien entrée dans l'usage et s'emploie dans la langue courante en lieu et place du terme *météorologie,* discipline qui a pour objet l'étude des phénomènes atmosphériques et de leurs variations, et qui a pour objectif la prévision à court terme de l'évolution du temps. On veillera toutefois à ne pas confondre cette discipline avec son objet, et on se gardera bien d'utiliser *météo* pour désigner le temps qu'il fait ou le climat.

ON DIT

Le temps sera mauvais toute la semaine

Demain le temps sera chaud, il fera chaud

ON NE DIT PAS

La météo sera mauvaise toute la semaine

Demain la météo sera chaude

N

NE

Rappelons que le français use, dans les phrases négatives, de l'adverbe de négation *ne* qu'accompagnent *pas, point, guère, jamais,* etc. On néglige trop souvent de faire entendre l'adverbe *ne,* en faisant de *pas* l'unique marque de négation : *Je veux pas* ; *Je sais pas.*
Cette habitude, répandue dans le langage parlé, est une véritable faute.

NEWS

Le nom anglais *news* signifie « nouvelle(s) » ou « information(s) ». Il est tiré du latin *novus,* « nouveau », « neuf ». Ce nom est d'un emploi correct dans un texte anglophone ; comme il correspond à une réalité pour laquelle le français a des termes à sa disposition, ce sont ceux-ci que nous emploierons.

ON DIT	ON NE DIT PAS
Avoir des nouvelles	Avoir des news
Une lettre d'informations	Une newsletter
La salle des dépêches	La news room

NOM COLLECTIF
SUIVI D'UN COMPLÉMENT AU PLURIEL (ACCORD DU VERBE)

Ce problème d'accord se présente dans de nombreux cas où le sujet est formé d'un nom et de ce qu'on peut appeler, suivant la terminologie du *Bon Usage* de Maurice Grevisse, un « pseudo-complément » : l'accord se fait soit avec le nom, soit avec son « pseudo-complément », selon que celui-ci ou celui-là frappe le plus l'esprit, et que l'on considère les êtres ou les objets dont il s'agit, ou bien comme formant essentiellement un ensemble, ou bien en détail, dans leur pluralité. Ainsi : *Une foule de malades accourait* (c'est une foule qui accourt) mais : *Une foule de gens diront qu'il n'en est rien* (chacun d'eux dira...). Dans ce dernier cas, la subordination logique l'emportant sur la subordination grammaticale, on parlera d'accord par syllepse. Cet accord par syllepse est parfois obligatoire : après *la plupart,* ainsi que *nombre* et *quantité,* employés sans déterminant, l'accord se fait avec le « pseudo-complément ». Dans le cas d'*ensemble,* on écrira aussi bien : *l'ensemble des intéressés a* ou *ont protesté.*

L'accord dépend du sens des mots, mais aussi de l'intention de l'auteur. On trouvera donc : *Un grand nombre de soldats fut tué dans ce combat* (Littré) et *Un grand nombre de soldats périrent dans ce combat* (Académie). En particulier dans le cas d'un nom numéral au singulier suivi d'un complément au pluriel, l'accord peut se faire avec ce complément ou avec le terme quantitatif quand la personne qui écrit arrête son attention sur celui-ci plutôt que sur son complément. L'Académie admet les deux possibilités : *Une quinzaine de francs suffira* ou *suffiront pour sa dépense.*

NOMS GÉOGRAPHIQUES ET LEURS ARTICLES

1. *Villes*

Quand un nom de ville commence par l'article défini masculin singulier ou pluriel, cet article se contracte avec la préposition *à* ou *de* : *Aller du Havre au Touquet* et non *de Le Havre à Le Touquet* ; *être né aux Lilas* ; *revenir des Deux-Alpes* ; *la plage des Issambres* ; *la poste des Rousses* ; *la mairie des Sables-d'Olonne*.

En dehors de ces noms dont on connaît le genre grâce à leur article, le genre des noms de ville (tout comme celui des noms de pays) ne suit pas de règle précise : il est ordinairement masculin dans l'usage parlé (*Paris brûle-t-il ?*), mais souvent féminin dans la langue littéraire, sans doute parce que l'on sous-entend *la ville* (*Paris est traversée de parfums d'ambre*). Néanmoins, la présence d'un *e* muet en fin de mot favorise le féminin (*Marseille est belle aux lueurs du couchant*). Quant au masculin, il prédomine :

- quand le nom est précédé des adjectifs *vieux, nouveau* ou *grand,* pour désigner des quartiers de la ville ou son extension : *le vieux Lille* ; *le nouveau Paris* ;
- quand le nom est précédé du déterminant *tout* : *Tout Rome assista à son triomphe* ;
- quand il est employé par métonymie pour un club sportif ou le gouvernement d'un pays : *Nantes a été champion de France de football* ; *Washington a été rappelé à l'ordre.*

Remarque : on ne saurait condamner les tournures *en Arles, en Avignon,* bien attestées chez les meilleurs auteurs, et qui s'expliquent à la fois comme archaïsme (l'usage de *en* au lieu de *à* devant les noms de villes, surtout commençant par une voyelle, était beaucoup plus répandu à l'époque classique) et comme régionalisme provençal. Il semble cependant que cet emploi de *en* soit en régression. Rien ne justifie qu'on l'applique à d'autres villes : on ne dira pas *en Arras, en Amiens*, etc.

L'archaïsme (cf. *Chanson de Roland* : « en Sarraguce » ; La Bruyère : « en Épidaure » ; Racine : « en Argos »...) peut être renforcé par le sentiment qu'*Avignon* et *Arles* ont été des États souverains. Quant au régionalisme, le provençal, à l'instar du latin, distingue *siéu* (« je suis ») *en Arle, en Avignoun* (qui répond à la question *ubi* du latin) de *vau* (« je vais ») *a(n) Arle, a(n) Avignoun* (qui répond à la question *quo* du latin), évitant le hiatus *a/a* par l'introduction du *n* euphonique. Pour les francophones habitués à une forme unique *à* pour les deux questions, *en* et *an*, compris l'un et l'autre comme destinés à éviter le hiatus, se sont trouvés confondus dans le *en* français.

2. *Départements*

Les noms de département français formés par deux termes coordonnés par *et* (noter qu'ils prennent toujours des traits d'union), sont de genre masculin si au moins l'un des termes qui les compose est masculin : *le Lot-et-Garonne* mais *la Maine-et-Loire* (*Maine* comme *Loire* sont de genre féminin).

S'ils sont employés en complément, il est recommandé d'omettre l'article : *le département de Meurthe-et-Moselle*. Mais si le département commence par une voyelle, ce qui implique une élision, l'article est toléré : *département de l'Eure-et-Loir, les villes d'Eure-et-Loir*.

Par ailleurs, ces noms de département formés de deux termes coordonnés par *et*, à l'inverse des autres noms qui s'emploient avec la préposition

« dans » et l'article (*dans la Seine-Maritime, dans la Charente*), s'emploient avec la préposition *en* et sans article : *le département de Seine-et-Marne, de Loir-et-Cher* ; *aller en Seine-et-Marne* ; *en Loir-et-Cher*. Il en va de même pour le département de Vaucluse parce que celui-ci tire son nom de *Fontaine de Vaucluse*.

3. *Pays*

Les noms de pays s'utilisent généralement avec l'article (*la France* ; *l'Allemagne*) ; cependant, il existe quelques exceptions comme *Israël, Monaco, Madagascar, Cuba, Taïwan* ou encore *Haïti*.

L'article disparaît toujours avec la préposition « en » (*en France*). Il disparaît également après la préposition « de » indiquant l'origine : *un tapis d'Iran, un vase de Chine*. C'est surtout une question d'usage, et il n'y a pas de règle absolue, bien qu'il existe parfois une nuance de sens plus ou moins nette : par exemple, dans *le gouvernement de la France* ou *l'économie de la France,* la France est désignée à un moment de son histoire, tandis que dans *l'ambassade de France,* elle est prise dans un sens intemporel. Toutefois, l'article se maintient généralement lorsque le nom qui précède le pays est accompagné d'un adjectif : *l'Histoire de France* mais *l'Histoire économique de la France.*

4. *Pluriel des noms géographiques*

Certains noms propres de lieux sont susceptibles d'être employés au pluriel et le problème de l'accord se pose alors. Ceux dont l'emploi au pluriel est traditionnel et très courant prennent la marque du pluriel : *les Gaules* ; *les Amériques* ; *les Flandres* ; *les Abruzzes* ; *les deux Sèvres* ; *le département des Deux-Sèvres...* Pour ceux dont l'emploi au pluriel est moins fréquent, l'usage est indécis et accepte aussi bien la marque du pluriel que l'invariabilité : *les deux Savoie* ou *Savoies* ; *les deux Charente* ou *Charentes*. *Il y avait deux Frances* (Chateaubriand) ; *les deux France* (La Varende). On tend aujourd'hui à généraliser la marque du pluriel, surtout pour les noms de pays et, en particulier, quand il s'agit d'un pays divisé en deux États (*les deux Corées* ; *les deux Allemagnes*).

NON (DANS DES NOMS COMPOSÉS)

L'habitude se répand, par imitation d'une construction fréquente en anglais et en américain, d'employer l'adverbe *non* pour créer de nouveaux termes voire, diront certains, de nouveaux concepts.

Certains ont leur utilité, notamment dans les domaines juridique et politique. Mais on évitera d'avoir systématiquement recours à ce mode binaire de formulation et à la pléthore de termes qu'il suscite, parmi lesquels on citera *non-fiction* ; *non-profit* ; *non-événement* ; *non-papier* ; *non-match*.

O

OMNIBULER POUR OBNUBILER

Le verbe *obnubiler* signifie, au sens propre, « couvrir de nuages, de brouillard » et, au sens figuré, « envahir la pensée », « obscurcir le jugement », « occuper toutes les facultés mentales ». Ce verbe est emprunté du latin *obnubilare,* de même sens, lui-même dérivé de *nubes,* « nuage ». Est-ce parce qu'*obnubiler* est relativement rare et qu'il présente une parenté sonore avec le terme plus familier *omnibus,* qu'on lui substitue l'étrange paronyme *omnibuler* ? Quelle que soit la réponse, on se gardera d'employer ce barbarisme, si amusant soit-il.

ON DIT	ON NE DIT PAS
Avoir l'esprit obnubilé par les soucis	Avoir l'esprit omnibulé par les soucis
Ces chimères l'obnubilaient	Ces chimères l'omnibulaient

ON, NOUS, VOUS (ACCORD)

1. Le pronom indéfini *on,* qui désigne un sujet dont on ignore le sexe ou le nombre, exige, en principe, un attribut ou un participe au genre non marqué, c'est-à-dire au masculin, et au singulier.

On écrira bien, en effet : *On est parvenu à réduire le débit du fleuve* ; *On est fatigué de ce combat* ; *On n'est pas sûr du résultat.*

Il arrive pourtant que *on* ne désigne pas les hommes en général, des personnes indéterminées, mais telle ou telle personne : dans ce cas, l'accord se fait tout naturellement en genre et en nombre.

C'est le sens qui commande, et le goût. *On s'était fâchés* ; *On s'est séparées à regrets* ; *On est allés ensemble jusqu'au bout du chemin...* ne sont donc pas des tournures fautives.

Littré relevait déjà chez Corneille, Molière, Racine, La Bruyère, Marivaux ou Rousseau de nombreux exemples de cet accord selon le sens, qui caractérise la syllepse, et se retrouve d'ailleurs dans d'autres tournures telles que *La plupart comprennent, Bon nombre sont venus, Quantité ont disparu.*

2. Avec les pronoms personnels *nous* et *vous,* verbes, participes et adjectifs s'accordent en genre et portent normalement la marque du pluriel : *Nous sommes vêtues de belles robes* ; *Vous êtes vêtus de beaux costumes.*

Cependant, si *nous* est employé comme pluriel de majesté ou de modestie à la place des pronoms *je* ou *moi,* ou si *vous* l'est comme pluriel de politesse en place de *tu,* le verbe se conjugue normalement avec *nous* et *vous,* mais l'accord des éventuels adjectifs et participes se fait toujours au singulier (on fait bien l'accord en genre) : *Pour notre part, nous sommes convaincue que notre avis finira par l'emporter* (si le locuteur est une femme) ; *Nous, roi de France, sommes attaché à…* ; *Vous êtes très belle ce matin, Madame.*

Il en va de même lorsque *nous* s'emploie à la place des pronoms personnels *tu, il* ou *elle,* pour exprimer la bienveillance, la condescendance ou l'ironie : *On lui a souvent fait remarquer qu'elle se trompait, mais nous sommes opiniâtre, nous ne voulons pas nous corriger ; Nous faisons le difficile, maintenant ?*

OPPORTUNITÉ

Employer *opportunité* dans le sens d'*occasion* est un anglicisme.

Opportunité est un substantif de caractère abstrait. *On juge, on discute de l'opportunité d'une décision, d'une mesure,* on considère si elle convient au temps, au lieu, si elle se produit à propos.

Occasion désigne une circonstance particulière, opportune parce qu'elle favorise un dessein, et propice à ce que l'on entreprend. *On cherche l'occasion, on la guette, on lui saute dessus* ou bien *on la laisse échapper. On profite de l'occasion, d'une occasion. On a l'occasion de… Opportunité* serait impropre dans tous ces exemples.

OPUS

L'emploi du terme *opus* au sens d'«œuvre», «ouvrage» s'étend au-delà de ses domaines d'origine. En effet, en français, le nom latin *opus*, «œuvre», «travail», «ouvrage», s'emploie en architecture et en musique. Dans le premier cas, *opus* est suivi d'un adjectif latin qui précise soit l'origine géographique de l'ouvrage en question, soit le type de maçonnerie utilisée. On trouve ainsi, dans *Le Côté de Guermantes*, de Proust, la phrase suivante : «*Le véritable* opus francigenum, *ce ne sont pas tant les anges de pierre de Saint-André-des-Champs que les petits Français, nobles, bourgeois ou paysans, au visage sculpté avec cette délicatesse et cette franchise restées aussi traditionnelles qu'au porche fameux mais encore créatrices*», dans laquelle la locution *opus francigenum*, signifiant proprement «œuvre créée en France», est utilisée pour désigner l'architecture gothique d'Île-de-France.

En musique *opus*, le plus souvent abrégé en *op.*, sert à désigner une pièce selon la place qu'elle occupe dans l'ensemble des œuvres imprimées d'un compositeur ; ainsi la sonate pour piano opus 57 de Beethoven est appelée «appassionata».

Si l'extension de sens du terme *opus* n'est pas en soi condamnable, on évitera d'en abuser : pourquoi ne pas utiliser les termes généraux d'*œuvre* ou d'*ouvrage* ou d'autres, plus précis, comme *livre, roman, film, pièce* ?

Ce cinéaste présente son nouveau film	Ce cinéaste présente son nouvel opus
Parlez-nous de votre dernier livre	Parlez-nous de votre dernier opus

ORIGINER

L'emploi du verbe *originer* tend à se répandre aujourd'hui : on l'entend malheureusement de plus en plus à la place de locutions comme « trouver sa cause dans », « être à l'origine de », etc. Certes, le verbe *originer* n'est pas un barbarisme, mais il convient de rappeler qu'on ne doit l'employer qu'à la forme pronominale réfléchie, avec le sens de « faire remonter son origine », et ce, uniquement dans la langue philosophique. On se gardera donc de l'utiliser en dehors de ce contexte précis.

Par quoi cela a-t-il été provoqué ?	Comment cela s'est-il originé ?
Être à l'origine de troubles	Originer des troubles
Donner l'origine de produits	Originer des produits

OU PAS ?

Nous avons déjà signalé la faute qui consiste à employer *pas* au lieu de *ne... pas*. Une autre habitude fâcheuse se répand : employer *pas* au lieu de *non* dans des phrases interrogatives où l'on met en balance une négation et une affirmation. *S'est-il décidé ou pas ?* ; *Viendra-t-il ou pas ?*

Sont seules correctes des phrases comme *S'est-il décidé ou non ?* ; *Viendra-t-il ou non ?* – constructions elliptiques qui permettent d'éviter une répétition : ... *ou ne s'est-il pas décidé ?* ; ... *ou ne viendra-t-il pas ?*

P

PALLIER

Pallier est un verbe transitif.

ON DIT	ON NE DIT PAS
Pallier le manque d'argent, l'ignorance	Pallier au manque d'argent, à l'ignorance
Pallier les défaillances	Pallier aux défaillances
Pallier le mal sans le guérir	Pallier au mal sans le guérir.

Un rappel de l'étymologie de ce verbe aidera peut-être à garder en mémoire tant sa signification que sa construction : le latin tardif *palliare,* dont le français a fait *pallier,* signifiait à l'origine « couvrir d'un pallium », c'est-à-dire d'un manteau qui cache, dissimule.

PAR CONTRE

Condamnée par Littré d'après une remarque de Voltaire, la locution adverbiale *par contre* a été utilisée par d'excellents auteurs français, de Stendhal à Montherlant, en passant par Anatole France, Henri de Régnier, André Gide, Marcel Proust, Jean Giraudoux, Georges Duhamel, Georges Bernanos, Paul Morand, Antoine de Saint-Exupéry...

Elle ne peut donc être considérée comme fautive, mais l'usage s'est établi de la déconseiller, chaque fois que l'emploi d'un autre adverbe est possible. Ce n'est pas toujours le cas. Gide remarquait à ce propos : « Trouveriez-vous décent qu'une femme vous dise : *Oui, mon frère et mon mari sont revenus saufs de la guerre ; en revanche, j'y ai perdu mes deux fils ?* »

« PAR MOMENTS », MAIS « TROIS FOIS PAR JOUR »

Par est suivi du singulier quand il indique vraiment une répartition, une distribution, c'est-à-dire quand on considère chacun à part tous les éléments d'un ensemble. *Prendre un médicament trois fois par jour*, chaque jour ; *une production de n tonnes par hectare*, pour chaque hectare ; *payer tant par personne* ; *avoir une filiale par secteur de marché*, etc. Le pluriel sera préférable et plus courant, en revanche, si l'on considère non plus chaque élément, mais certains d'entre eux : *par endroits, par places, la neige a fondu*, à certains endroits ; *par moments, on ne comprend plus*, à certains moments.

PAR RAPPORT À

La forme *par rapport à* – quand ce n'est pas, en abrégé, *rapport à* – est employée à tort pour introduire le sujet auquel on se réfère.

ON DIT

À propos du match, en ce qui concerne le match, il faut préciser que...

Réagir à une déclaration

Je vous rappelle au sujet de, *ou* relativement à, mon dossier

ON NE DIT PAS

Par rapport au match, il faut préciser que...

Réagir par rapport à une déclaration.

Je vous rappelle par rapport à – *ou* rapport à – mon dossier

PARAÎT-IL QUE

Le verbe *paraître*, employé dans des tournures impersonnelles, peut se construire avec une proposition complétive introduite par *que* : *Il paraît qu'elle va venir demain.* On peut également l'utiliser, cette fois sans complétive, en incise, avec inversion du pronom impersonnel sujet : *Elle va, paraît-il, venir demain.* Mais c'est une incorrection de mêler ces deux formes. Rappelons aussi que la forme familière *à ce qu'il paraît* ne doit pas s'employer dans une langue soignée.

ON DIT

Il paraît qu'il va neiger

Il est, paraît-il, très riche

 ON NE DIT PAS

Paraît-il qu'il va neiger

Paraît-il qu'il est très riche

PARTITIF ET DÉTERMINANT

En français, on utilise l'article partitif (*du, de la, des*) devant un nom dési-gnant un tout qu'on ne peut dénombrer ou qu'on renonce à dénombrer, pour dire qu'on prélève une quantité indéterminée de ce tout : *manger du chocolat, de la tarte, des épinards*.

En tournure négative, on accompagne le partitif du déterminant (élidé ou non) uniquement lorsque l'on oppose deux compléments : *Je ne prends pas du thé, mais du café* (mais seul : *Je ne prends pas de thé*). Cette oppo-sition peut être sous-entendue lorsque la négation n'est que partielle : *On ne mange pas du caviar tous les jours* (mais on mange autre chose). Par analogie, on appliquera la même règle à une phrase comme : *Je ne fais pas du ski, mais de la luge* (mais seul : *Je ne fais pas de ski*).

Cependant, lorsqu'un verbe à l'infinitif est le complément de verbes ou de locutions verbales, c'est généralement l'usage qui décide du maintien de l'article en tournure négative. Ainsi, on dira plutôt avec l'article : *Il n'aime pas faire du ski ; Il n'a pas envie de manger de la choucroute*. Mais on pourra dire indifféremment, avec ou sans article : *Elle ne sou-haite pas manger de choucroute* ou *Elle ne souhaite pas manger de la choucroute*; *Elle ne veut pas avoir de chien* ou *Elle ne veut pas avoir un chien,* etc.

NB : Il en va différemment de *jouer de* suivi du nom d'un instrument de musique : l'instrument sera toujours introduit par un déterminant : *Je joue (ne joue pas) du piano* ; *Je joue (ne joue pas) de l'orgue* ; *Je joue (ne joue pas) des castagnettes, de la clarinette.*

PAS DE SOUCI

On entend trop souvent dire *il n'y a pas de souci,* ou, simplement, *pas de souci,* pour marquer l'adhésion, le consentement à ce qui est proposé ou demandé, ou encore pour rassurer, apaiser quelqu'un, *souci* étant pris à tort pour « difficulté », « objection ».

Selon les cas, on répondra simplement *oui,* ou bien l'on dira *Cela ne pose pas de difficulté, ne fait aucune difficulté* ; ou bien *Ne vous inquiétez pas, Rassurez-vous.*

PÉRIMÈTRE

Ce mot désigne une ligne, puis une surface et enfin un appareil servant à mesurer le champ visuel. On s'en tiendra à ces sens et l'on évitera les emplois figurés abusifs.

ON DIT	ON NE DIT PAS
Empiéter sur les attributions d'un autre ministère	Empiéter sur le périmètre d'un autre ministère
L'ensemble des conditions qu'énumère le cahier des charges	Le périmètre du cahier des charges
Le nombre d'acheteurs potentiels	Le périmètre du marché

PERPÉTRER ET PERPÉTUER

Après les homonymes *cahot, chaos* et *KO*, voici deux paronymes trop souvent confondus : *perpétrer* et *perpétuer*. *Perpétrer*, qui signifie « commettre (un forfait) », est emprunté du latin *perpetrare*, « achever », « mener à terme », dans lequel on retrouve la racine *pater*, « père », car à l'origine ce verbe signifiait « accomplir un acte religieux avec l'autorité de père ». Comme cela est parfois arrivé, dans le passage du latin au français, ce terme a pris un sens péjoratif, comme c'est le cas pour *benêt*, tiré de *benedictus*, « béni », ou *esclave*, tiré de *slavus*, « Slave ».

Perpétuer, « faire durer infiniment ou très longtemps », est emprunté du latin *perpetuare*, dans lequel on reconnaît le préfixe intensif *per*. Ce verbe s'emploie le plus souvent avec des noms appartenant au champ sémantique du souvenir.

Perpétuer la mémoire d'un ami,
une tradition

Perpétrer un crime

Perpétrer la mémoire d'un ami,
une tradition

Perpétuer un crime

PERSONNEL : SINGULIER OU PLURIEL ?

En 1998, la Commission du dictionnaire de l'Académie française s'est prononcée sur l'utilisation du nom *personnel* au pluriel.

Personnel est un nom collectif qui désigne toujours un ensemble d'individus. Aucun dictionnaire, aucune grammaire n'en mentionne l'emploi au pluriel, sinon *Le Bon Usage* de Grevisse, qui le signale comme fâcheux.

Il est fautif de dire *l'ensemble des personnels* pour *l'ensemble du personnel*, *les personnels militaires* pour *le personnel des armées* et, surtout, *un personnel* pour *un membre du personnel*.

Personnel n'est acceptable au pluriel que si l'on veut désigner plusieurs catégories distinctes d'individus, par exemple : *les personnels civil et militaire des armées*, c'est-à-dire le personnel civil *et* le personnel militaire des armées.

PIRE EMPLOYÉ COMME ADVERBE

Le comparatif de l'adverbe *bien* est *mieux* ; celui de l'adjectif *bon* est *meilleur*. Ces formes sont assez éloignées phonétiquement pour qu'il y ait peu de risques qu'elles soient confondues. Il n'en va malheureusement pas de même pour les comparatifs de *mal* et de *mauvais,* qui sont respectivement *pis* et *pire*. On se souviendra pourtant que *pire* est un adjectif et que l'on ne doit pas l'employer comme adverbe, même s'il s'agit là d'une faute très répandue.

ON DIT

Ses affaires vont de mal en pis

Tant pis s'il arrive en retard

ON NE DIT PAS

Ses affaires vont de mal en pire

Tant pire s'il arrive en retard

PLEIN (BATTRE SON)

Si l'expression *battre son plein* a naguère encore suscité quelques contro-verses, tous les spécialistes s'accordent aujourd'hui à donner raison à Littré. Dans cette expression empruntée à la langue des marins, *son* est bien un adjectif possessif et *plein* un substantif, les meilleurs auteurs se rangent à ce point de vue. Le *plein,* c'est la pleine mer, et l'on dit que la marée *bat son plein* lorsque, ayant atteint sa plénitude, elle demeure un temps sta-tionnaire. On dit donc bien *les fêtes battent leur plein.*

« LE PLUS BELLE » OU « LA PLUS BELLE »

Devant un adjectif au superlatif relatif (superlatif avec *le plus, le moins...*), l'article reste invariable lorsqu'il y a comparaison entre les différents degrés ou états d'une même chose, c'est-à-dire lorsque cette chose n'est comparée qu'à elle-même (on peut alors remplacer le superlatif par « au plus haut degré »). On dira donc : *C'est le matin que la rose est le plus belle* (c'est le matin qu'elle est belle au plus haut degré).

En revanche, l'article varie si la comparaison s'effectue entre deux entités différentes : *Cette rose est la plus belle de toutes* ; *Cette rose est la moins fanée* (sous-entendu : « des roses », « des fleurs »).

POURCENTAGES (ACCORD)

Dans les tours avec *pour cent* ou *pour mille,* on accorde le verbe (ou l'adjectif) concerné soit avec l'expression du pourcentage, soit avec le complément qu'elle introduit.

On écrit donc, au choix : *Seules 14 % des productions écrites en 2006 à la Commission européenne ont été initialement rédigées en français* (accord avec le complément du pourcentage *productions...*) ; ou *Seuls 14 % des productions écrites en 2006 à la Commission européenne ont été initialement rédigés en français* (accord avec *14 %,* expression du pourcentage). Si le pourcentage ne possède pas de complément, l'accord se fait avec l'expression du pourcentage, au singulier si celui-ci est inférieur à 2, sinon au pluriel : *1,9 % a voté contre la motion* ; *97,1 % ont voté pour la motion* ; *1 % s'est abstenu.*

PROCESS

L'anglais *process* a été emprunté du français *processus* aux environs de l'an 1300. Lui-même vient du nom latin de même forme *processus*. Ce dernier est dérivé de *procedere,* qui a donné le verbe *procéder* et le nom *procédé. Procédé* et *processus* ont des sens voisins et couvrent à eux deux ceux de l'anglais *process.* Choisissons donc d'employer, en fonction du contexte, l'un ou l'autre et soyons convaincus que la suppression du digramme final -*us* n'est pas un gage de modernité.

ON DIT

Quel procédé avez-vous utilisé ?

Voici le processus qu'ils ont suivi

ON NE DIT PAS

Quel process avez-vous utilisé ?

Voici le process qu'ils ont suivi

PRONONCIATION : « É » OU « È »

Voici les indications sur la prononciation que fournissent les ouvrages normatifs comme *Le Bon Usage* de Grevisse.

En ce qui concerne les verbes conjugués, Grevisse admet la prononciation en « é » ou « è » pour le verbe *avoir* à la première personne du présent de l'indicatif (*j'ai*). Il recommande la prononciation « é » pour le passé simple et le futur simple à cette même personne (*je mangeai, je mangerai*), afin d'éviter la confusion avec l'indicatif imparfait ou le conditionnel présent dont la terminaison se prononce « è » (*je mangeais, je mangerais*).

Contrairement à ce que semble indiquer la graphie, dans les formes avec inversion du sujet se rapportant à un verbe au présent de l'indicatif comme *me trompé-je, é* se prononce « è » (Grevisse). La forme écrite *me trompè-je* a d'ailleurs été avalisée par les *Rectifications de l'orthographe* de 1990.

La conjonction de coordination « et » se prononce en principe « é », tandis que *-et* en fin de mot (comme dans *fouet* ou *tabouret*) se prononce « è ».

Pour les adjectifs possessifs *mes, ses, tes,* de même que pour les articles *des* ou *les*, des ouvrages comme *Le Petit Robert, Le Grand Larousse de la langue française* ou le *Trésor de la langue française* (sauf *les* pour lequel la prononciation « lè » est aussi donnée dans le *TLF*) donnent la prononciation « é ».

Toutefois, force est de constater que la prononciation des groupes de lettres *ai, et, es* en fin de mot varie selon les individus. Il s'agit davantage d'usages personnels ou régionaux, et les dictionnaires de prononciation (Warnant et Martinet-Walter), qui prennent en compte l'usage réel, indiquent presque toujours les deux prononciations.

PRONONCIATION DE VOIENT

La prononciation de *voient* est la même au subjonctif et à l'indicatif. On n'y fait pas entendre un son *-oille*. Littré signalait que, dans *Le Dépit amoureux*, Molière faisait du subjonctif *voient* un mot de deux syllabes et ajoutait : « Ceci est une ancienne prononciation qu'on entend fort souvent. Aujourd'hui *voient* est d'une seule syllabe. »

C'est sans doute l'analogie avec les formes *voyons* et *voyez* qui a contribué au maintien de cette prononciation, mais tous les grammairiens, en accord avec Littré, prescrivent la prononciation *voi*. Il en va bien sûr de même pour les formes de subjonctif présent au singulier *voie, voies, voie*.

ON DIT

Il faut que tu voies ça

Attends qu'ils le voient pour leur en parler

ON NE DIT PAS

Il faut que tu voyes ça [*vwaj*]

Attends qu'ils le voyent pour leur en parler [*vwaj*]

Q-R

QUALITATIF

L'adjectif *qualitatif* signifie « qui concerne la qualité, la nature d'une chose et de ses éléments constitutifs » et s'oppose à *quantitatif*. Une *étude qualitative* est donc une étude portant sur la qualité d'un produit, d'un service, etc., et non une étude de haut niveau. On se gardera bien de confondre l'adjectif *qualitatif* avec la locution adjectivale *de qualité* ou des formes de même sens.

ON DIT	ON NE DIT PAS
Du matériel de qualité	Du matériel qualitatif
Nos compétences	Notre domaine qualitatif
Un bon hôtel	Un hôtel qualitatif

QUELQUE, QUELQUE... QUE, QUEL QUE

1. *Quelque,* en un seul mot, peut être employé comme adjectif indéfini (comme tel, il s'accorde en nombre avec le nom auquel il se rapporte) :
- au singulier, pour marquer une indétermination portant sur l'identité ou la quantité : *Connaissez-vous quelque personne qui soit de cet avis ? Il y a de cela quelque temps*
- au pluriel, pour indiquer un nombre indéterminé et peu considérable : *quelques personnes, quelques jours, quelques euros ; Il a soixante ans et quelques*
- placé devant un nom suivi de *que,* dans la locution conjonctive *quelque... que* introduisant une subordonnée concessive au subjonctif. *Quelque raison qu'on ait à faire valoir, il ne veut rien écouter ; Quelques progrès que vous fassiez... ; Quelques grandes épreuves qu'il ait à traverser...*

2. *Quelque,* en un seul mot, peut être employé comme adverbe (comme tel, il est invariable) :
- devant un numéral, au sens d'« environ », « à peu près ». *Quelque mille personnes ont participé à la course. Quelque dix voitures ont été incendiées ;*
- devant l'adverbe *peu. Cela m'a quelque peu surpris ;*
- devant un adjectif ou un adverbe suivi de *que,* pour marquer l'intensité dans la locution conjonctive *quelque... que* introduisant une subordonnée concessive au subjonctif. *Quelque puissants qu'ils soient, je ne les crains point ; Quelque belle qu'elle soit ; Quelque adroitement qu'il s'y prenne, son échec est certain.*

3. *Quel que,* en deux mots, est une locution conjonctive formée de l'adjectif indéfini variable *quel* et de la conjonction *que.* Suivie d'un verbe attributif (presque toujours du verbe *être*), elle introduit une subordonnée concessive au subjonctif : *Quelle que soit sa bonne volonté, il ne réussira pas ; Quel qu'il soit, quel qu'il puisse être ; Il était obligé de prendre un parti, quel qu'il fût ; Quelles que soient les circonstances, il sait garder son calme.*

QUOIQUE, QUOI QUE

Quoique, en un seul mot, est une conjonction de subordination (on peut la remplacer par *bien que, encore que*) qui s'emploie pour introduire une proposition subordonnée concessive au subjonctif ou au participe : *Nous lui avons conservé notre amitié, quoiqu'il ait menti ; Quoiqu'il relève de maladie, il a tenu à être présent ; Quoique ne manquant pas d'aisance, il prenait rarement la parole.*

Quoi que, en deux mots, est une locution conjonctive (on peut la remplacer par *peu importe ce que...*) formée du pronom relatif *quoi* et de la conjonction *que,* qui permet d'introduire une proposition subordonnée concessive au subjonctif : *Quoi que je dise, personne ne me croit ; Quoi que vous fassiez, il faut réussir.*

RECOUVRER ET RECOUVRIR

Si ces deux verbes sont parfois confondus, c'est bien sûr parce que ce sont des paronymes, mais aussi parce que de chacun d'eux est dérivé un seul et même nom : *recouvrement. Recouvrer* est la forme populaire issue du latin *recuperare,* « reprendre », « retrouver », qui a aussi donné *récupérer.* Comme *recouvrer* s'est beaucoup employé avec des compléments comme *santé* ou *force,* le participe passé *recouvré* a vite pris le sens de « sauvé », « guéri », sens aujourd'hui sorti d'usage. *Recouvrir,* lui, est dérivé de *couvrir* et signifie « couvrir de nouveau » ou « couvrir entièrement ». On dira donc *Elle a recouvert un livre,* mais *Elle a recouvré des forces.* La confusion est ancienne entre ces deux formes. On lit déjà, dans une lettre de Louis XII « [...] *que à son grand desplaisir il ait été naguaires mal disposé d'une maladie nommée la petite verolle, dont à présent, graces à Dieu, il est recouvert ».* Le souverain aurait dû écrire *recouvré,* c'est-à-dire « délivré », « guéri ». On s'efforcera de ne pas suivre ce funeste et royal exemple.

ON DIT

Recouvrer la santé, une somme d'argent

Ces deux figures géométriques ne peuvent se recouvrir

ON NE DIT PAS

Recouvrir la santé, une somme d'argent

Ces deux figures géométriques ne peuvent se recouvrer

RENSEIGNER (UN FORMULAIRE)

Même si le verbe *renseigner* s'est employé à la fin du Moyen Âge avec le sens de « porter en compte une somme », « l'assigner à quelque emploi », il ne se construit plus depuis fort longtemps qu'avec un nom de personne comme complément : on *renseigne* quelqu'un sur une autre personne ou sur une chose. Mais une fâcheuse tendance semble se répandre aujourd'hui, qui consiste à employer *renseigner* avec pour complément un nom comme *formulaire, document, fiche*, etc. Sans doute cet usage provient-il d'une volonté d'abréger des périphrases comme *donner* ou *fournir des renseignements, remplir une fiche de renseignements*. Pourquoi ne pas continuer à employer, plutôt que *renseigner,* des verbes qui convenaient parfaitement comme *compléter* ou *remplir* ?

Remplir un formulaire

Compléter un document

ON NE DIT PAS

Renseigner un formulaire

Renseigner un document

REPLAY

Le nom anglais *replay* se rencontre le plus souvent dans la locution adverbiale hybride *en replay* et entre dans des expressions comme *voir en replay, écouter en replay*. Cet hybride se fait redondant quand d'adverbiale la locution devient adjectivale et qualifie le terme de *rediffusion*. On évitera cet étrange voisinage et on gardera la forme *rediffusion* à laquelle on adjoindra, si besoin est, quelque expansion du nom.

ON DIT

Une rediffusion

Regarder en rediffusion à la demande

ON NE DIT PAS

Un replay

Regarder en replay

RÉPONSE À L'INTERRO-NÉGATIVE

L'usage veut que la réponse à une question négative soit introduite par *si* quand la réponse est positive, par *non* quand la réponse est négative :
« *L'habit des Académiciens n'est-il pas vert ?*
– *Si, l'habit des Académiciens est vert.* »
« *L'habit des Académiciens n'est-il pas bleu ?*
– *Non, l'habit des Académiciens n'est pas bleu.* »

« RÉSIDANT » OU « RÉSIDENT » ?

On s'accorde à écrire *les membres résidants et les membres correspondants d'une académie*, et *les résidents français au Canada, en Australie*. Mais force est de constater que dans d'autres cas, et chez les meilleurs auteurs, l'unanimité n'a pas toujours régné.

Dans la huitième édition de son *Dictionnaire*, publié en 1935, l'Académie française faisait de *résidant* un adjectif, mais elle ajoutait : « On écrit aussi *résident*. » Elle faisait de *résident* un nom, mais elle ajoutait : « Il s'emploie aussi adjectivement. »

En 1994, la Commission du Dictionnaire, interrogée sur ce point, a constaté que la graphie *résident* l'emportant décidément, dans l'usage, pour le nom, tout flottement pouvait être éliminé : *résidant* est un adjectif, *résident* est un nom. Et aux acceptions anciennes du nom, elle a ajouté celle-ci : « Personne qui habite une résidence, qui vit habituellement dans une résidence ou y est hébergée », avec ces exemples : « *Les résidents d'un foyer, d'une maison de retraite. Les résidents de la Cité universitaire de Paris* ».

En 2007, cette distinction entre *résident,* nom, et *résidant,* adjectif, est considérée par l'Académie française comme entérinée par l'usage.

Dans les expressions *médecin résident* ou *pharmacien résident* (celle-ci d'ailleurs, se rencontrant souvent avec le trait d'union), *résident* doit s'interpréter comme un nom en apposition, et non pas comme un adjectif, au même titre que dans *ministre résident* : on a toujours dit indifféremment le *ministre résident* ou le *résident*.

RÔLE

Un acteur *tient le rôle* de tel ou tel personnage, il *joue* tel ou tel personnage. *Tenir le rôle d'Hernani, de Phèdre ; jouer Cinna, jouer Chimène.* L'expression *jouer le rôle de* ne s'emploie pas dans ce cas. On la réservera à des usages figurés. *Il joue auprès de nous le rôle de conseiller, de confident ; Dans cette affaire, il a joué le rôle du traître.*

S

« SABLER » OU « SABRER LE CHAMPAGNE » ?

Le verbe *sabler* signifiait entre autres, au xvııᵉ siècle, « couler dans un moule fait de sable ». C'est probablement par allusion à la matière en fusion versée dans le moule que *sabler* a pu prendre le sens de « boire d'un trait » (1615). Le *Dictionnaire de l'Académie française* (8ᵉ édition, 1935) indique, à l'article « Sabler » : « Boire tout d'un trait, fort vite. *Sabler un verre de vin. Sabler le champagne* ».

Puis *sabler le champagne* s'est employé pour signifier, par extension, « célébrer un événement en buvant du champagne ».

Sabrer une bouteille de champagne ou *sabrer le champagne*, absent du *Dictionnaire de l'Académie française* (8ᵉ édition), est toutefois attesté dans certains dictionnaires récents au sens de : « ouvrir une bouteille de champagne en tranchant le goulot d'un coup de sabre ». L'expression et l'action elle-même, opération dangereuse qu'il est sans doute judicieux de laisser à qui sait manier un sabre, semblent d'apparition récente : probablement au début du xxᵉ siècle.

Il résulte de ces indications que les expressions *sabler le champagne* et *sabrer le champagne* ne peuvent être considérées comme équivalentes ; leurs sens sont même très différents.

SANS CHAPEAU, SANS CHAUSSURES

Sans peut, selon le sens, être suivi du singulier ou du pluriel. On écrira toujours au singulier les noms dits abstraits : *être sans pitié* ; *cela se comprend sans peine.* Un orateur est *sans passion* quand il n'est pas animé par *la* passion. Cet homme est *sans passions* s'il ignore *les* passions. On opposera *un couteau sans manche*, qui devrait en avoir un, mais un seul, à *un gilet sans manches*, qui en aurait deux, s'il en avait. *Il est sorti sans chapeau ni chaussures.* Dans de nombreux cas, cependant, la nuance de sens est si mince que l'on trouvera aussi bien le singulier que le pluriel : *C'est un acteur sans défaut* ou *sans défauts* (Littré). De même : *Cet homme est mort sans enfant, sans héritier,* ou *sans enfants, sans héritiers.* Pourtant, dès lors que ce dont on parle peut suggérer l'idée de pluralité, c'est le pluriel qui est le plus fréquent. On écrira : *un devoir sans fautes*, en jugeant qu'un tel devoir aurait d'ordinaire comporté plusieurs fautes (qu'une faute ne vient jamais seule), plutôt qu'*un devoir sans faute*, sauf si l'on veut insister sur le caractère exceptionnel de la chose, comme on dirait : *sans aucune faute, sans la moindre faute.*

SANS QUE

Cette locution conjonctive n'appelle pas l'emploi de la négation. *Sans que personne s'y oppose, sans qu'on en ait rien su.*

Mais, dans les propositions introduites par *sans que*, lorsqu'elles s'insèrent dans un contexte négatif, on peut utiliser le *ne* dit explétif, que n'exige pas la correction grammaticale, mais qui est recommandé dans la langue soutenue. *Il vient sans qu'on l'en ait prié*; *Il ne vient jamais sans qu'on l'en ait prié* ou *sans qu'on ne l'en ait prié* sont toutes des phrases correctes. Seule la phrase *Il vient sans qu'on ne l'en ait prié* serait fautive.

SAUF À

La locution prépositive *sauf à* peut signifier « sans que soit exclu le risque de », ou « en se réservant le droit de ». Elle ne signifie en aucun cas « sauf si » ou « à moins que ».

ON DIT

Vous pouvez employer des termes étrangers sauf à n'être pas compris

Nous irons tous deux au printemps sauf à y retourner à l'automne

ON NE DIT PAS

Vous ne pouvez pas employer de termes étrangers sauf à les traduire

Nous irons tous deux sauf à ce que j'y aille seul

S'AUTOFLAGELLER, S'AUTOMUTILER

Un verbe transitif peut généralement se conjuguer à la voix active (*laver*), à la voix passive (*être lavé*) et à la voix pronominale (*se laver*). Le nom ne peut seul exprimer ces différentes nuances : pour dire que celui qui fait l'action et celui qui la subit est une seule et même personne, on a parfois recours à l'ajout de compléments comme *de soi, à soi* ou à l'emploi du préfixe *auto-*. On parlera d'*automutilation* pour désigner l'action d'une personne qui se mutile, le préfixe *auto-* jouant le même rôle que le pronom réfléchi *se* dans la forme pronominale. De la même manière le nom *autodéfense* correspond au verbe *se défendre, autoaccusation* à *s'accuser*. On se gardera bien de réunir dans un même groupe verbal le pronom *se* et le préfixe *auto-*, et l'on évitera ainsi un pléonasme vicieux.

ON DIT	ON NE DIT PAS
Des pénitents qui se flagellent	Des pénitents qui s'autoflagellent
Des névroses qui poussent à l'automutilation, à se mutiler	Des névroses qui poussent à s'automutiler
Des journalistes qui se censurent	Des journalistes qui s'autocensurent

SCORER

Le nom *score* est attesté en français dans le monde du sport avec le sens de « résultat » ou « marque » depuis la fin du xixᵉ siècle ; il s'est depuis étendu au monde de la politique. On parlera ainsi du *score* obtenu par tel parti, tel candidat à une élection. Mais depuis quelque temps est apparu l'étrange verbe *scorer* que l'on entend malheureusement trop souvent en lieu et place de *marquer,* que ce soit un but, un panier ou un essai. Il s'agit d'un emprunt abusif à l'anglais *to score,* et parfaitement inutile car *marquer* remplit déjà ce rôle.

 ON DIT

Il a marqué deux fois

Une équipe qui ne marque plus

ON NE DIT PAS

Il a scoré deux fois

Une équipe qui ne score plus

SE RAPPELER QUELQUE CHOSE / SE SOUVENIR DE QUELQUE CHOSE

Par une confusion fréquente, *se rappeler,* qui doit être suivi d'un complément direct, est construit fautivement comme *se souvenir,* dont le complément est introduit par la préposition *de.* Cette erreur est particulièrement frappante lorsque le complément est un pronom.

Se rappeler son passé
Se souvenir de son passé

Je me le rappelle,
je me rappelle cela
Je m'en souviens,
je me souviens de cela

Se rappeler de son passé

Je m'en rappelle,
je me rappelle de cela.

SECOND / DEUXIÈME

On peut, par souci de précision et d'élégance, réserver l'emploi de *second* aux énoncés où l'on ne considère que deux éléments, et n'employer *deuxième* que lorsque l'énumération va au-delà de deux. Cette distinction n'est pas obligatoire.

On veillera toutefois à employer l'adjectif *second,* plus ancien que *deuxième,* dans un certain nombre de locutions et d'expressions où il doit être préféré : *seconde main, seconde nature,* etc., et dans des emplois substantivés : *le second du navire.*

SÉCULIER / SÉCULAIRE

On ne confondra pas l'adjectif *séculaire*, signifiant « qui se fait de siècle en siècle, de cent ans en cent ans » ou « qui est âgé, qui date d'un ou de plusieurs siècles », et l'adjectif *séculier*, qui, s'opposant à *régulier*, s'est d'abord dit des ecclésiastiques vivant dans le siècle, dans le monde, et s'emploie par extension comme un équivalent de *temporel* ou de *laïque*. *Des traditions séculaires ; une juridiction séculière.*

S'ENSUIVRE

Le verbe *s'ensuivre* signifie « découler », « résulter ». On ne doit pas écrire *s'en suivre* en trois mots car si le verbe *suivre* peut s'employer en ce sens, ce n'est pas le cas de la forme pronominale *se suivre*. En effet, on ne dit pas *Il se suit de cette remarque que…* mais *Il suit de cette remarque que…*

ON DIT

Il s'ensuivit de grands troubles *ou* de grands troubles s'ensuivirent

Le développement qui s'est ensuivi

ON NE DIT PAS

Il s'en suivit de grands troubles *ou* de grands troubles s'en suivirent

Le développement qui s'en est suivi

La forme *s'en ensuivre* est correcte et se rencontre chez les meilleurs auteurs. Elle n'est plus guère employée aujourd'hui aux temps simples du fait de la succession des sons « *en* », mais elle l'est encore aux temps composés dans lesquels, entre les deux sons « *en* », s'intercale le verbe *être* : *Il a été peiné par les événements qui s'en sont ensuivis.*

SOI-DISANT POUR PRÉTENDU

La locution adjectivale *soi-disant* signifie « qui se prétend tel ». On ne doit donc l'employer qu'avec des êtres vivants susceptibles de parler et de dire quelque chose les concernant. Si l'on peut donc dire : *Le soi-disant avocat était un escroc*, on ne peut dire : *La soi-disant broche en or n'était qu'un bijou de pacotille.* N'oublions pas non plus que *soi-disant* ne peut être employé que pour évoquer une personne qui revendique telle ou telle qualité, tel ou tel état, et non pour évoquer une personne à qui on les prête. Rappelons enfin que *disant* est invariable et que *soi*, pronom personnel, ne saurait être confondu avec son homonyme *soit*.

ON DIT	ON NE DIT PAS
Un prétendu tableau de maître	Un soi-disant tableau de maître
Le prétendu coupable était innocent, celui que l'on accusait était innocent	Le soi-disant coupable était innocent
Les soi-disant infirmières	Les soi-disantes infirmières

SOLUTION DE CONTINUITÉ

Pour ne pas être employée fautivement, cette locution doit être rapportée au sens étymologique du mot *solution* : « séparation des parties », « destruction », « désagrégation », sens qu'a pris aujourd'hui le mot *dissolution*. Une *solution de continuité* est donc une rupture, une interruption de ce qui doit être continu. Une *cassure,* une *fissure,* une *lacune* est une *solution de continuité* dans quelque corps.

Dire, figurément, *Il y a dans son raisonnement, dans cette politique, une solution de continuité* signifie qu'on y cherche en vain la continuité, la cohérence, la permanence souhaitées.

SOT !

Devinette : Un sot sur un cheval tient de la main gauche un seau. Dans sa main droite, il porte le sceau du roi. Le cheval fait un saut et les trois... (?) tombent à terre. Comment écrit-on « les trois s... » ?

Par définition, il est impossible d'orthographier (de la même façon) des homonymes non homographes. On peut recourir à la transcription phonétique [so], mais évidemment, ce ne sont pas des sons qui sont censés tomber.

SOUHAITER SES VŒUX

Le nom *vœu*, surtout dans un contexte religieux, désigne une promesse par laquelle on prend quelque engagement. On parle ainsi des vœux de chasteté, de pauvreté et d'obéissance prononcés par les religieux. Mais *vœu* peut aussi être synonyme de *souhait*, en particulier de souhait que l'on forme pour autrui. Il convient alors de ne pas employer *vœu* comme complément du verbe *souhaiter*. On ne dit pas que *l'on souhaite des souhaits à tel ou tel*, on ne dit pas plus qu'*on lui souhaite des vœux*.

<table>
<tr><td>

ON DIT

Présenter ses vœux à quelqu'un

Souhaiter le meilleur, beaucoup de bonheur, la réussite, etc., à quelqu'un.

</td><td>

ON NE DIT PAS

Souhaiter ses vœux à quelqu'un

</td></tr>
</table>

SPÉCIFIQUE

L'adjectif *spécifique* signifie, conformément à son étymologie, « qui appartient à une espèce ». Son sens s'est ensuite étendu à des emplois techniques comme *poids spécifique*, que l'on employait naguère en physique dans le sens de « densité ». On dira aussi que *L'insuline est le remède spécifique du diabète* : c'est le médicament le mieux adapté à cette maladie. Mais il est abusif d'employer cet adjectif comme synonyme de « spécial » ou de « particulier ».

Il a un talent particulier

Une voix au timbre spécial

Il a un talent spécifique

Une voix au timbre spécifique

SPEEDER (SE) / SPEED

L'anglicisme *speeder,* emprunté de *to speed,* « se dépêcher », est aujourd'hui très répandu. Mais le français a de très nombreux autres verbes ou locutions verbales à sa disposition, appartenant à tous les registres de langue, comme *se presser, s'empresser, faire diligence, grouiller* ou *foncer.* Hâtons-nous de les employer. De la même manière évitons absolument de faire du nom anglais *speed* un adjectif français.

ON DIT

Nous sommes en retard, il faut se presser

Dépêchez-vous, le train part

Il est agité, il est énervé

ON NE DIT PAS

Nous sommes en retard, il faut speeder

Speedez-vous, le train part

Il est speed

STOPPER

À partir de l'anglais *to stop*, le français a créé l'interjection *stop !* puis le verbe *stopper*, parfaitement admis d'abord dans le langage de la marine – *Stoppez les machines !* – et, peu à peu, à propos de véhicules, de moteurs, etc. Si, comme la plupart des verbes évoquant le mouvement, il a des emplois figurés, on évitera cependant de l'employer lorsque le bon usage appelle les verbes *arrêter, cesser, interrompre,* etc.

ON DIT	ON NE DIT PAS
Il interrompt son geste, son interlocuteur, il suspend son propos	Il stoppe son geste, son interlocuteur, il stoppe son propos
Il faut arrêter ce massacre	Il faut stopper ce massacre
Son intervention a fait cesser les querelles, le bruit	Son intervention a stoppé les querelles, le bruit

SUBLIMER, SUBLIMATEUR

Les mots perdent de leur force s'ils sont mal employés. La publicité recourt volontiers à l'emphase et donne ainsi l'impression de n'avoir pas confiance dans les mots ordinaires, à moins que ce ne soit dans les produits qu'elle vante et qu'elle se croit obligée de parer des plumes du paon. On a accolé à de nombreux adjectifs les préfixes *hyper-* et *super-,* on a recouru à *génial* quand *bon* ou *bien* suffisaient. Aujourd'hui ces termes, jugés dépassés, ont été remplacés par *sublime* ou ses dérivés. On semble avoir oublié que *sublimer* signifie d'abord « faire passer de l'état solide à l'état gazeux », et, au figuré, « exalter ». Ne pourrait-on alors craindre que le *shampoing sublimateur* ne transforme les cheveux en vapeur ou que le *sublimateur de teint* ne fasse du visage une nuée ?

SUBORDONNÉE RELATIVE : INDICATIF OU SUBJONCTIF ?

Dans la relative, le verbe est le plus souvent à l'indicatif. On peut néanmoins rencontrer le subjonctif dans certains cas, en particulier quand l'antécédent contient un superlatif relatif (*le plus, le moins, le meilleur,* etc.) ou un adjectif impliquant une idée superlative (*seul, premier, dernier, principal, unique, un des rares,* etc.). On écrira donc fréquemment, bien que l'indicatif ne soit pas impossible : *Voici le meilleur vin que l'on puisse trouver dans la région* ; *C'est l'unique personne, le seul qui ait accepté.* L'utilisation du subjonctif dans ce type de phrase permet de mettre l'accent sur la virtualité de l'existence de la chose ou de la personne évoquées, tandis que l'indicatif insiste au contraire sur son existence réelle. On notera d'ailleurs qu'aux formes interrogative et négative, formes qui orientent naturellement la phrase vers la virtualité, le subjonctif est plus habituel, non seulement avec des antécédents exprimant une idée superlative, mais également avec des antécédents à valeur indéfinie (*Connaissez-vous un homme, connaissez-vous quelqu'un qui puisse m'aider ?*; *Je ne connais personne qui puisse vous aider*), alors que l'indicatif s'imposera naturellement à la forme affirmative (*Je connais quelqu'un qui peut vous aider*). L'indicatif est également de rigueur lorsque la phrase relève de la pure constatation : *Ce soir, c'est le meilleur qui a gagné.*

Enfin, dans certains cas, on peut établir une différence de sens selon que l'on emploie l'un ou l'autre mode : comparons *C'est le plus jeune conseiller qui a été élu maire* (on constate que c'est le plus jeune qui a été élu) et *C'est le plus jeune conseiller qui ait été élu maire* (le locuteur souligne qu'on n'a jamais élu un conseiller plus jeune comme maire).

SUITE À / DE SUITE

La tournure *suite à,* qui appartient au langage commercial, n'est pas de bonne langue dans l'usage courant. Dans la correspondance, on dira plutôt *comme suite à* ou *pour faire suite à* lorsqu'on se réfère à une lettre qu'on a écrite soi-même antérieurement ; on emploiera *en réponse à* dans les autres cas. Pour faire allusion à un événement, à une conversation, on dira par exemple : *après* ou *à la suite de.*

Par ailleurs, la locution *de suite,* souvent employée à tort à la place de *tout de suite,* signifie en réalité « l'un après l'autre », « sans interruption » : *Il ne saurait dire deux mots de suite.* Il faudra donc se garder de dire *Je reviens de suite,* qui n'a guère de sens.

SUPPORTER

On évitera d'employer ce verbe, formé à partir de l'anglais *to support*, pour parler de rencontres sportives et, à plus forte raison, d'autres compétitions.

<table>
<tr><td>ON DIT</td><td>ON NE DIT PAS</td></tr>
<tr><td>Soutenir une équipe, encourager un candidat</td><td>Supporter une équipe, un concurrent</td></tr>
<tr><td>Soutenir, appuyer un candidat, un parti, leur apporter son appui, son concours</td><td>Supporter un candidat, un parti</td></tr>
</table>

Le substantif *supporteur* peut être employé, sous cette forme francisée et non sous la forme anglaise *supporter,* dans le langage sportif.

SUR

La préposition *sur* ne peut traduire qu'une idée de position, de supériorité, de domination, et ne doit en aucun cas être employée à la place de *à* ou de *en* pour introduire un complément de lieu désignant une région, une ville et, plus généralement, le lieu où l'on se rend, où l'on se trouve.

ON DIT	ON NE DIT PAS
Je travaille à Paris.	Je travaille sur Paris.
Je vais à Lyon.	Je vais sur Lyon.
Ils cherchent une maison en Provence	Ils cherchent une maison sur la Provence.

SUR PARIS ?

Après s'être répandu dans la langue populaire ou familière, l'usage de la préposition « sur » où l'on attendrait la préposition « à » est aujourd'hui fréquente dans les médias (*travailler sur Paris*; *déménager sur Brest*). Si, avec un verbe de mouvement, cette construction peut éventuellement se justifier par sa connotation dynamique (ainsi de *déménager sur Toulouse* qui rappelle *marcher sur Rome*), elle ne peut en revanche être acceptée avec un verbe qui n'a pas cette connotation (*J'habite à Paris* et non *J'habite sur Paris*).

Voici d'ailleurs ce qu'écrivait en 2002 M. Maurice Druon, Secrétaire perpétuel honoraire de l'Académie française :

« "Je vais descendre sur Marseille." Vous trouvez-vous donc en hélicoptère ? "C'est pour travailler sur la région Provence-Côte d'Azur." A-t-elle besoin d'être modifiée, redessinée ? Sans doute, puisqu'on envisage de "créer un nouveau canton sur la troisième circonscription du Var". Mais par quel procédé ? Peut-on élever un canton ou le poser ? Cette pauvre préposition *sur* est harassée. On la met à toutes les sauces. Elle nous vient après plusieurs avatars du latin *super, supra*. On l'a chargée au fil du temps de bien des sens, propres ou figurés, matériels ou abstraits. Mais pourquoi lui impose-t-on, de surcroît, d'exprimer des indications qui ne comportent nulle notion de position, de supériorité ou de domination ? Il y a là un abus qui devient un tic. Soyons sur nos gardes pour n'y pas céder. »

T

TEL / TEL QUE (ACCORD)

L'accord de *tel* introduisant un ou plusieurs exemples ou une comparaison suit la règle suivante :
- *tel que* s'accorde avec le nom qui le précède et dont il dépend : *les bêtes féroces telles que le tigre, le lion, etc.* ;
- *tel sans que* s'accorde avec le terme qui suit : *L'homme en colère, telle une bête féroce...* Toutefois, certains grands auteurs, tel Georges Duhamel, ont employé *tel* accordé avec le terme qui le précède ;
- *comme tel* et *en tant que tel* s'accordent avec le terme auquel on compare le sujet : *des fruits considérés comme des légumes et cuisinés comme tels* (comme des légumes) ;
- *tel quel* s'accorde avec le nom auquel il se rapporte : *Je vous rends votre somme d'argent telle quelle* ; *Je cite vos propos tels quels.*

LA TEMPÉRATURE EST CHAUDE

Le nom *température* désigne le degré de chaleur atteint par un lieu ou par un corps ; ce degré peut être plus ou moins élevé, le lieu où le corps pouvant être plus ou moins chauds, plus ou moins froids. De même que l'on évitera de dire qu'une hauteur est haute ou basse, on évitera de dire que la température est chaude.

On essaiera également, autant que faire se peut, de ne pas confondre la *température* et la *fièvre,* qui est une élévation de la température normale du corps.

ON DIT

Il fait chaud, la température est élevée

Il a, il fait de la fièvre

ON NE DIT PAS

La température est chaude

Il a, il fait de la température

TENDANCE

Dans *Madame Bovary,* Lheureux, le marchand de nouveautés, convainc régulièrement Emma d'acheter tel ou tel objet ou vêtement grâce à une phrase à laquelle elle semble ne pouvoir résister : *C'est le genre* ou sa variante *C'est là le genre.* Un siècle et demi plus tard, ni le bovarysme ni l'injonction à suivre les modes n'ont disparu, mais *C'est le genre* a été remplacé par *C'est tendance* ou *Ça fait tendance*. Entre Flaubert et notre siècle, le complément du présentatif a perdu son article et son statut de nom pour devenir un adjectif invariable. Et, comme l'était déjà *C'est là le genre* d'autrefois, il s'agit là d'un déplaisant tic de langage.

ON DIT

C'est tout à fait dans l'air du temps

Des chaussures à la pointe de la mode

ON NE DIT PAS

C'est, ça fait très tendance

Des chaussures très tendance

TERRITOIRE

Ce nom, dérivé de *terre,* désigne une étendue géographique plus ou moins vaste où vivent habituellement tels ou tels peuples, telles ou telles espèces. Il est aussi utilisé dans le vocabulaire politique et administratif. On parle ainsi du territoire national. Il peut aussi désigner, par extension, le domaine de recherche de telle ou telle discipline et Emmanuel Le Roy Ladurie a ainsi intitulé un de ses ouvrages : *Le Territoire de l'historien*. Mais on évitera de faire de ce nom un synonyme un peu flou qui pourrait désigner toute division administrative du territoire. *Territoire* ne doit donc pas être employé en lieu et place d'autres termes plus précis comme *canton, département* ou *région*. Il n'est pas non plus synonyme de *province*. On peut d'ailleurs légitimement se demander ce que ce dernier nom a de si redoutable ou de si haïssable pour qu'on tende à le faire sortir de notre vocabulaire puisque après l'avoir remplacé par *région* (« aller en région ») on lui substitue aujourd'hui *territoire*.

ON DIT

Une réorganisation des départements, des régions

Visiter la province

ON NE DIT PAS

Un redécoupage des territoires

Visiter les territoires

TIMING

Cet anglicisme s'est d'abord rencontré dans le vocabulaire du sport pour désigner l'occasion qu'avait un boxeur de frapper son adversaire et l'enchaînement qui amenait cette ouverture. *Timing* est aujourd'hui employé en français de façon plus vague et semble être devenu un substitut passe-partout dès lors que l'on évoque des notions temporelles. Préférons-lui des termes précis.

ON DIT

Être en avance sur l'horaire, sur ses prévisions

Trouver le bon rythme, trouver le bon moment

ON NE DIT PAS

Être en avance sur son timing

Trouver le bon timing

TOUT À COUP, TOUT D'UN COUP

Ces deux locutions, très proches phonétiquement, sont de plus en plus employées indifféremment, mais leur sens n'est pas le même. *Tout à coup* signifie « soudainement », alors que *tout d'un coup* signifie « en une seule fois », « en même temps ». Efforçons-nous de ne pas les confondre.

ON DIT

Tout à coup, l'orage a éclaté

Le chien a mangé le pâté tout d'un coup

ON NE DIT PAS

Tout d'un coup l'orage a éclaté

Le chien a mangé le pâté tout à coup

TOUT ÉTONNÉE, MAIS TOUTE SURPRISE

La variabilité de *tout*, adverbe, devant un mot féminin commençant par une consonne, constitue une singularité bien révélatrice de la résistance de l'usage, produit d'une histoire, à une « logique » grammaticale qui ne souffrirait pas d'exceptions.

Dans l'ancienne langue, qui traitait les mots selon leur nature, *tout* employé adverbialement, mais considéré dans sa « nature » d'adjectif indéfini, s'accordait ordinairement avec l'adjectif qu'il modifiait.

À l'époque classique, cet ancien usage survit, mais se voit concurrencé par une tendance à l'invariabilité que les grammairiens s'efforcent de généraliser, non sans difficultés ni contradictions.

Dans la première édition du *Dictionnaire de l'Académie française* (1694), il était dit : « En ce sens, *tout* se décline lorsque l'adjectif qui le suit est féminin [...] Quelques-uns cependant ne déclinent point *tout* devant les adjectifs féminins qui commencent par une voyelle. » Le sentiment de l'Académie paraît donc être, à la fin du XVIIᵉ siècle, que l'usage dominant oppose le masculin invariable *tout*, prononcé [tut] devant la voyelle et [tu] devant la consonne, au féminin variable *toute-toutes*, prononcé [tut] dans tous les cas, ce qui revient à dire que le *e* du féminin se fait entendre. Le problème devient alors : faut-il noter graphiquement cette marque du féminin ? Et, si oui, peut-on noter une variation de genre sans noter la variation de nombre ?

Dans les commentaires joints aux *Remarques* de Vaugelas publiées par elle en 1704, l'Académie établit la règle actuelle : « Il faut dire et écrire *elles furent tout étonnées* [...] quoiqu'on demeure d'accord qu'il faut mettre *toute* et *toutes* devant les adjectifs qui commencent par une consonne : *Cette femme est toute belle, ces étoffes sont toutes sales.* »

Cette position est confirmée dans la deuxième édition (1718) et reprise ensuite par toutes les grammaires et tous les dictionnaires. Elle repré-sente un sage compromis entre la « bizarrerie » de l'usage et la « logique » grammaticale puisque :

- elle pose l'invariabilité en règle ; la forme *tout* est étendue au féminin devant voyelle car la prononciation [tut] allant de soi, il n'est pas néces-saire de l'indiquer par -*e* ;

- elle juge cependant nécessaire de conserver la marque graphique de la prononciation d'usage [tut] devant consonne ;
- le féminin étant noté graphiquement, elle décide logiquement de noter aussi le pluriel éventuel.

Ce compromis était sans doute assez judicieux, puisqu'il a survécu au temps, et permet de prendre en compte la survivance effective d'un usage fort ancien dans la langue parlée d'aujourd'hui. Tout au plus peut-on noter, curieusement, et chez de bons auteurs, la marque du féminin devant voyelle : *Elle en est toute étonnée*, mais au singulier seulement, car on sent bien qu'au pluriel, la liaison ferait comprendre *Elles en sont toutes étonnées* comme *Toutes en sont étonnées*.

TRAITER AU SENS D'INSULTER

Le verbe *traiter* peut avoir des noms de personne comme complément direct ; il signifie d'abord et généralement « agir de telle ou telle manière avec quelqu'un ». On dira ainsi : *Notre hôte nous a traités royalement.* *Traiter* signifie aussi par extension « insulter », mais, dans ce cas, il doit obligatoirement être construit avec un nom attribut du COD : *Il a traité son voisin de cafard.* La construction sans attribut est incorrecte avec ce verbe. Rappelons que, à l'inverse, le verbe *insulter* ne doit pas être suivi d'un attribut du COD.

Il me traite d'idiot, de lâche,
d'assassin, etc.

Il m'a insulté

Il me traite

Il m'a insulté de voleur,
de voyou, etc.

TRAVAIL, TRAVAUX, TRAVAILS

Le pluriel du nom *travail* est la forme *travaux* (*travails* ne s'emploie que si l'on parle du dispositif servant à maintenir les grands animaux domestiques pour les ferrer ou les soigner). Selon les différentes acceptions de ce nom et le contexte dans lequel il est employé, on pourra donc parler de *travaux d'embellissement,* de *rénovation* ; de *travaux de couture* ; des *travaux de l'Assemblée, du Sénat* ; des *travaux d'Hercule,* etc.

Lorsque l'on emploie le terme *travail* au sens général d'activité professionnelle, il est d'usage de ne pas l'utiliser au pluriel. On dira *J'ai un travail* mais plutôt *J'ai deux emplois, deux professions.*

TROP POUR TRÈS

Au Moyen Âge et jusqu'au xviie siècle, *trop* s'employait fréquemment avec le comparatif. On lit ainsi chez Villon, dans la *Ballade des dames du temps jadis* :

> *Écho, parlant quand bruit on mène*
> *Dessus rivière ou sus étang,*
> *Qui beauté ot trop plus qu'humaine.*

Dans des emplois vieillis ou littéraires, on rencontre encore *trop* utilisé avec le sens de *très* ; quelques formes comme *Vous êtes trop aimable, Vous êtes trop bon,* se sont maintenues dans l'usage.

Mais en dehors de ces tours figés, on évitera systématiquement de substituer *trop* à *très* et, plus encore, de faire de *trop* un adjectif signalant une qualité si incroyable qu'il semble impossible de l'énoncer.

ON DIT	ON NE DIT PAS
Il a beaucoup de classe	Il est trop stylé
Elle est très belle, elle est vraiment belle	Elle est trop belle
Il est étonnant, époustouflant	Il est trop

V

VIVE LES VACANCES OU VIVENT LES VACANCES ?

D'un point de vue grammatical, la phrase *Vive(nt) les vacances* peut être analysée comme une indépendante au subjonctif exprimant un souhait et comparée à une phrase du type *Périssent les traîtres !* Le verbe s'accordera donc naturellement avec son sujet et l'on pourra écrire *Vivent les vacances.* Cependant *vive* est aujourd'hui perçu plus souvent comme un simple mot exclamatif que comme un verbe traduisant un véritable souhait de longue existence, ce qui explique que ce terme tende à perdre sa valeur verbale et qu'on puisse le considérer comme une particule à valeur prépositionnelle : on le rencontre par conséquent fréquemment au singulier. On a parfois voulu distinguer deux cas : les noms de personnes, véritablement douées de vie, qui exigeraient l'accord (*Vivent les mariés*), et les noms de choses, avec lesquels le verbe resterait invariable (*Vive les sports d'hiver*). L'usage littéraire contredit cette volonté et l'on trouve, indifféremment avec les personnes comme avec les choses, l'accord et l'invariabilité, comme c'était déjà le cas en latin où l'on pouvait rencontrer *vivat* et *vivant.*

LE VIVRE ENSEMBLE

Le français ne peut pas, contrairement au latin ou au grec, substantiver tous ses infinitifs. On dit *le coucher,* mais non *le dormir.* Si certains verbes substantivés peuvent parfois avoir un complément à l'infinitif (*le savoir-faire, le savoir-vivre*), on évitera d'avoir recours, comme tend à le faire une mode actuelle, à la substantivation de groupes formés d'un infinitif et d'un adverbe : on entend par exemple parler du *bien mourir,* mais le plus fréquent est le *vivre ensemble,* qui semble relever plus du vœu pieux ou de l'injonction que du constat. Faut-il vraiment faire de ce groupe verbal une locution nominale pour redonner un peu d'harmonie à la vie en société ?

 ON DIT

L'art de vivre ensemble

Ceux qui recherchent l'harmonie dans les sociétés

ON NE DIT PAS

L'art du vivre ensemble

Les acteurs du vivre ensemble

VOUS N'ÊTES PAS SANS IGNORER QUE...

Vous n'ignorez pas que..., Vous n'êtes pas sans savoir que... sont d'aimables formules qui rendent hommage aux connaissances de l'interlocuteur ou permettent parfois un rappel opportun de quelque point essentiel qui aurait pu lui échapper.

Une fâcheuse confusion fait que l'on entend parfois *Vous n'êtes pas sans ignorer que...*, assertion peu flatteuse pour l'interlocuteur et qui peut faire naître quelque malentendu.

POSTFACE
Lettre d'amour à la langue française

Moquez-vous toujours : ce ne sont pas les académiciens qui sont « immortels », mais la langue française qu'ils sont chargés de défendre et d'illustrer. « À l'immortalité de la langue française » : chaque nouvel élu reçoit une médaille où cette devise est inscrite. La langue française est immortelle, Richelieu l'avait décidé ainsi, mais ce qu'il ne pouvait prévoir, c'est qu'elle évoluerait au cours des siècles, et de plus en plus vite. Les événements historiques, le changement des mœurs bousculeraient la belle ordonnance établie au xviie siècle. Belle ? Enfin, pas tant que ça. Dans la première édition du *Dictionnaire* (1694), la femme était définie : « femelle de l'homme ». Dans la huitième édition (1935), la femme n'était encore que la « compagne de l'homme ». On voit par cet exemple le travail à refaire sans cesse. La langue française est immortelle à condition que chacun des mots qui la composent soit soumis à un examen permanent, et que les préjugés qui l'encombrent soient éliminés un par un. L'immortalité ne consiste pas à être figée à un moment donné du temps, mais au contraire à rester vivante.

Dire, ne pas dire reflète ce souci que nous avons de préserver ce trésor unique qu'est la langue française, capable d'exprimer les moindres nuances avec une précision et une finesse qu'aucune autre langue ne possède. La langue française est aussi le fondement de l'unité nationale, et le choix des mots à encourager ou à proscrire comporte une dimension politique qui n'est pas négligeable. Aujourd'hui, deux problèmes majeurs mobilisent notre attention : celui des néologismes de toute sorte, et celui du langage des « jeunes ». Parmi les néologismes, deux catégories se distinguent. Le progrès fulgurant des diverses sciences oblige à introduire des termes qui trop souvent embarbouillent la langue dans un jargon innommable : à nous d'essayer de faire un peu de ménage dans ce capharnaüm. Puis il y a la question des anglicismes. Nous les trouvons justifiés quand ils correspondent à une notion spécifiquement anglo-saxonne. Mais dire « booster » pour « favoriser » ou « supporter » pour « soutenir » (un club sportif), voilà de pures hérésies. Quant au langage des jeunes, les discussions sont parfois vives au sein de la Commission. Autant il faut chercher à préserver la langue française d'une dérive paresseuse, d'une complaisance à la mode, d'un laxisme qui de toute façon seront bientôt dépassés par d'autres modes, le propre de l'argot étant de se renouveler sans cesse (Hugo a écrit là-dessus une séquence éblouissante des *Misérables*), autant il serait fâcheux de corseter la langue dans une raideur obsolète, d'en exclure des nouveautés savoureuses qui ne peuvent que l'enrichir.

La langue française restera la plus belle du monde, à la double condition qu'on n'en fasse pas le réceptacle de toutes les fantaisies périssables, si attrayantes soient-elles, mais aussi qu'on ne l'embaume pas comme une momie.

Dominique Fernandez

TABLE

B

C

D

E

F

G

H-I-J

L

M

N

O

P

Q-R

S

T

V

Cet ouvrage a été achevé d'imprimer
en mars 2015 par
CPI Firmin Didot

N° d'imprimeur : 127950
Dépôt légal : septembre 2014
ISBN 978-2-84876-416-0
Imprimé en France